Dr. Jaerock Lee

MI PADRE
OS DARÁ
EN MI NOMBRE

URIM
BOOKS

> *"En aquel día no me preguntaréis nada. De cierto, de cierto os digo, que todo cuanto pidiereis al Padre en mi nombre, os lo dará. Hasta ahora nada habéis pedido en mi nombre; pedid, y recibiréis, para que vuestro gozo sea cumplido".*
>
> *(Juan 16:23-24)*

MI PADRE OS DARÁ EN MI NOMBRE por el Dr. Jaerock Lee
Publicado por Libros Urim (Representante: Kyungtae Noh)
73, Yeouidaebang-ro 22-gil, Dongjak-gu, Seúl, Corea
www.urimbooks.com

Derechos de autor © 2013 por el Dr. Jaerock Lee
ISBN: 978-89-7557-584-3
Derechos de traducción © 2012 por la Dra. Esther K. Chung. Usado
con permiso.

Primera edición: Junio 1996
Segunda edición: Marzo 2013

Publicado originalmente en coreano por Libros Urim, en 1990.

Editado por la Dra. Geumsun Vin
Diseñado por la oficina editorial de Libros Urim
Impreso por Yewon Printing Company
Para mayor información contáctese con urimbook@hotmail.com

Mensaje del autor

"De cierto, de cierto os digo, que todo cuanto
pidiereis al Padre en mi nombre, os lo dará".
(Juan 16:23)

El cristianismo es una fe en la que la gente tiene un encuentro con el Dios vivo y experimenta Su obra a través de Jesucristo.

Ya que Dios es Todopoderoso, quien creó los cielos y la tierra y gobierna la historia del universo al igual que la vida, muerte, maldición y bendición del hombre, Él responde la oración de Sus hijos y desea que vivan vidas bendecidas propias de hijos de Dios.

Cualquiera que llega a ser un verdadero hijo de Dios lleva consigo la autoridad a la que tiene derecho en calidad de hijo de Dios, con la cual debe vivir una vida en la que todas las cosas son posibles, no existe necesidad de nada y disfruta de bendiciones sin tener causas para dar lugar a envidias o celos de los demás. Al vivir una vida de desbordante riqueza, fuerza y éxito, se debe glorificar a Dios por medio de la vida misma.

Para poder vivir esta vida tan bendecida, uno debe comprender por completo la ley del reino espiritual respecto a las respuestas de Dios y así recibir todo lo que se le pide en el nombre de Jesucristo.

Esta obra es una recopilación de mensajes que se predicaron en el pasado, dirigidos a todos los creyentes, en especial aquellos que creen en el Dios Todopoderoso sin duda alguna y que desean vivir vidas llenas de las respuestas de Dios.

Ruego en el nombre de Jesucristo que esta obra titulada *MI PADRE OS DARÁ EN MI NOMBRE* sirva como una guía que dirija al lector a tomar consciencia de la ley del reino espiritual respecto a las respuestas de Dios y que lo capacite para recibir todo lo que pida en oración.

Doy todas las gracias y gloria a Dios por permitir la publicación de este libro que conlleva Su Palabra preciosa y expreso mi gratitud a todos quienes trabajaron arduamente en esta labor.

Jaerock Lee

Tabla de contenidos

Mensaje del autor

Capítulo 1

Maneras de recibir
las respuestas de Dios

1 Juan 3:18-22

"Hijitos míos, no amemos de palabra ni de lengua, sino de hecho y en verdad. Y en esto conocemos que somos de la verdad, y aseguraremos nuestros corazones delante de él; pues si nuestro corazón nos reprende, mayor que nuestro corazón es Dios, y él sabe todas las cosas. Amados, si nuestro corazón no nos reprende, confianza tenemos en Dios; y cualquiera cosa que pidiéremos la recibiremos de él, porque guardamos sus mandamientos, y hacemos las cosas que son agradables delante de él".

Una de las fuentes de mayor gozo para los hijos de Dios reside en el hecho de que Dios Todopoderoso está vivo; Él responde sus oraciones y obra para bien de ellos en todas las cosas. Por ende, aquellos que creen en este hecho, oran con fervor a fin de recibir de parte de Dios cualquier cosa que piden y le glorifican para sentirse felices.

En 1 Juan 5:14 tenemos un verso que nos recuerda que si pedimos de acuerdo a la voluntad de Dios, obtenemos el derecho a recibir lo que pedimos: *"Y esta es la confianza que tenemos en él, que si pedimos alguna cosa conforme a su voluntad, él nos oye".* Sin importar cuán malo pueda ser un padre, si su hijo le pide pan no le dará una piedra, y si le pide un pez no le dará una serpiente. ¿Qué podría entonces evitar que Dios otorgue buenas dádivas a Sus hijos cuando se las piden?

Cuando la mujer cananea descrita en Mateo 15:21-28 se presentó ante Jesús, ella no solo recibió la respuesta a su oración sino que también se dio cumplimiento a los anhelos de su corazón; a pesar de que su hija sufría una terrible posesión de demonios, esta mujer le pidió a Jesús que la sanara porque creía que todo era posible para los que creen. ¿Qué piensa usted que hizo Jesús en favor de esta mujer gentil que le pidió sin descanso por la sanidad de su hija? *"En aquel día no me preguntaréis nada. De cierto, de cierto os digo, que todo cuanto pidiereis al Padre en mi nombre, os lo dará"* (Juan 16:23). Tal como lo vemos en este verso, Jesús concedió inmediatamente la petición de la mujer cuando la fe de ella le fue evidente. *"Entonces respondiendo Jesús, dijo: Oh mujer, grande es tu fe; hágase contigo como quieres. Y su hija fue sanada desde aquella hora"* (Mateo 15:28).

¡Cuán maravillosa y agradable es la respuesta de Dios!

Si creemos en el Dios vivo, como Hijos suyos debemos glorificarlo al recibir todo lo que le pedimos. En base al versículo en el que se centra este capítulo, exploraremos las maneras en las que podemos recibir respuestas de Dios.

Debemos creer en Dios quien promete respondernos

En toda la Biblia encontramos que Dios ciertamente promete responder nuestras oraciones y súplicas; por ende, solo si no dudamos de esta promesa podemos pedir con fervor y recibir todo lo que le pidamos a Dios.

En Números 23:19 leemos: *"Dios no es hombre, para que mienta, ni hijo de hombre para que se arrepienta. El dijo, ¿y no hará? Habló, ¿y no lo ejecutará?"* Asimismo, en Mateo 7:7-8, Dios nos promete: *"Pedid, y se os dará; buscad, y hallaréis; llamad, y se os abrirá. Porque todo aquel que pide, recibe; y el que busca, halla; y al que llama, se le abrirá"*.

A lo largo de la Biblia se presentan muchas referencias que destacan la promesa de Dios de respondernos si le pedimos según Su voluntad. Los siguientes son solo algunos ejemplos:

"Por tanto, os digo que todo lo que pidiereis orando, creed que lo recibiréis, y os vendrá" (Marcos 11:24).

"Si permanecéis en mí, y mis palabras permanecen en vosotros, pedid todo lo que queréis, y os será hecho" (Juan 15:7).

"Y todo lo que pidiereis al Padre en mi nombre, lo haré, para que el Padre sea glorificado en el Hijo" (Juan 14:13).

"Entonces me invocaréis, y vendréis y oraréis a mí, y yo os oiré; y me buscaréis y me hallaréis, porque me buscaréis de todo vuestro corazón" (Jeremías 29:12-13).

"E invócame en el día de la angustia; Te libraré, y tú me honrarás" (Salmos 50:15).

Este tipo de promesas se encuentran una y otra vez tanto en el Antiguo como en el Nuevo Testamento. No obstante, aunque hubiese un solo verso bíblico relacionado con esta promesa, nos aferraríamos a él y oraríamos para recibir Sus respuestas. Sin embargo, ya que encontramos esta promesa numerosas veces a lo largo de la Biblia, debemos creer que Dios de hecho está vivo y que Él obra de manera igual ayer, hoy y por siempre (Hebreos 13:8). Es más, la Biblia nos habla acerca de muchos hombres y mujeres que creyeron en la palabra de Dios, pidieron y recibieron Sus respuestas. Debemos imitar la fe y el corazón de ellos y llevar nuestras propias vidas de manera que siempre recibamos Sus respuestas.

Cuando Jesús le dijo a un paralítico: *"Levántate, toma tu lecho, y vete a tu casa"* (Marcos 2:1-12), este se levantó, tomó su lecho y salió ante las miradas de todos, quienes a su vez se maravillaron y pudieron alabar a Dios.

En Mateo 8:5-13 vemos que un centurión se presentó ante Jesús para pedir por su criado que estaba postrado en casa, paralítico, gravemente atormentado, y le dijo: *"...solamente di la palabra, y mi criado sanará"*. Sabemos ya que, el momento en que Jesús le dijo al centurión que se fuera y que las cosas se harían según lo había creído, su criado fue sanado en aquella misma hora.

El leproso relatado en Marcos 1:40-42 se acercó a Jesús y le clamó de rodillas, diciendo: *"Si quieres, puedes limpiarme"*. Mientras Jesús se llenaba de misericordia por este leproso, extendió Su mano, lo tocó y le dijo: *"Quiero, sé limpio"*. Vemos entonces que la lepra salió del hombre y fue sanado.

Dios permite que todas las personas reciban lo que le piden en el nombre de Jesucristo y además desea que todo individuo crea en Aquel que ha prometido responder las oraciones, que ore con un corazón inmutable y sin rendirse y que llegue a ser Su hijo bendecido.

Tipos de oraciones a los que Dios no responde

Cuando las personas creen y oran según la voluntad de Dios,

cuando viven de acuerdo a Su Palabra y mueren como los granos de trigo, Él se fija en sus corazones y dedicación y da respuesta a sus oraciones. Por otro lado, si hay individuos que no pueden recibir respuestas de Dios a pesar de sus oraciones, ¿cuál podría ser la causa? En la Biblia encontramos muchas personas que fracasaron al momento de recibir Sus respuestas a pesar de su clamor; al examinar las razones de esto debemos aprender de qué manera podemos nosotros recibir respuestas de parte de Dios.

Primero: si albergamos pecado en el corazón y oramos, Dios nos dice que no responderá nuestra oración. Salmos 66:18 nos dice: *"Si en mi corazón hubiese yo mirado a la iniquidad, el Señor no me habría escuchado"*. Isaías 59:1-2 nos recuerda: *"He aquí que no se ha acortado la mano de Jehová para salvar, ni se ha agravado su oído para oír; pero vuestras iniquidades han hecho división entre vosotros y vuestro Dios, y vuestros pecados han hecho ocultar de vosotros su rostro para no oír"*. Ya que el diablo enemigo interceptará nuestra oración por causa de nuestro pecado, esta solo flotará en el aire y no llegará al trono de Dios.

Segundo: si oramos mientras estamos en discordia con nuestro prójimo, Dios no nos responderá. Esto se debe a que nuestro Padre celestial no nos perdonará mientras no perdonemos a nuestros hermanos con sinceridad (Mateo 18:35), y nuestra oración no llegará ante Dios ni recibirá respuesta.

Tercero: si oramos para satisfacer nuestros deseos, Dios no responde nuestra oración. Si pasamos por alto Su gloria y más bien oramos de acuerdo a los deseos de la naturaleza pecaminosa y para gastar lo que recibimos de Él en nuestros placeres, no nos responderá (Santiago 4:2-3). Por ejemplo: a una hija obediente y estudiosa su padre le dará su mesada cada vez que ella la pida. Pero a una hija desobediente que no le interesa mucho el estudio, el padre no estará dispuesto a darle una mesada o le preocupará que ella pueda gastarla con malas intenciones. De igual manera, si pedimos cualquier cosa con la motivación equivocada y para satisfacer los deseos de la naturaleza pecaminosa, Dios no nos responderá porque quizás nos encaminemos por el sendero que lleva a la destrucción.

Cuarto: no debemos orar ni clamar por los idólatras (Jeremías 11:10-11). Ya que Dios aborrece a los idólatras por encima de cualquier otra cosa, únicamente debemos interceder por la salvación de sus almas ya que cualquier otra oración o petición a favor de ellos quedará sin respuesta.

Quinto: Dios no responde la oración que está llena de dudas porque podemos recibir respuestas del Señor solo cuando creemos y no dudamos (Santiago 1:6-7). Estoy seguro de que usted ha sido testigo de la sanidad de enfermedades incurables y de la resolución de problemas aparentemente imposibles ocurrida cuando la gente ha pedido la intervención de Dios. Esto se debe a que Dios nos ha dicho: *"Porque de cierto os digo que cualquiera que dijere a este monte: Quítate y échate en el mar, y no dudare en su corazón, sino creyere que será hecho lo que dice, lo que diga le será hecho"* (Marcos 11:23). Usted debe saber que la oración llena de dudas no puede recibir respuesta y que solo la oración en acuerdo con la voluntad de Dios producirá un innegable sentido de certeza.

Sexto: si no obedecemos los mandamientos de Dios, nuestra oración no será respondida. Al obedecer los mandamientos de Dios y hacer lo agradable ante Él, enseña la Biblia que podremos tener confianza ante Dios y recibiremos lo que hemos pedido (1 Juan 3:21-22). Ya que Proverbios 8:17 nos dice: *"Yo amo a los que me aman, y me hallan los que temprano me buscan"*, la oración de las personas que obedecen los mandamientos de Dios por su amor por Él (1 Juan 5:3) ciertamente recibirá respuesta.

Séptimo: no podemos recibir las respuestas de Dios sin antes sembrar. En Gálatas 6:7 leemos: *"No os engañéis; Dios no puede ser burlado: pues todo lo que el hombre sembrare, eso también segará";* y en 2 Corintios 9:6 se nos enseña: *"Pero esto digo: El que siembra escasamente, también segará escasamente; y el que siembra generosamente, generosamente también segará".* ¡No podemos cosechar lo que no hemos sembrado! Si uno siembra oración, su alma prosperará. Si siembra ofrendas, recibirá bendiciones financieras. Si siembra con sus obras, recibirá la bendición de la buena salud. En resumen, se debe sembrar lo que se desea cosechar; siembre de manera que reciba las respuestas de Dios.

Además de las condiciones mencionadas, si la gente no ora en el nombre de Jesucristo o si no lo hacen con sinceridad de corazón, hablando solo por hablar, sus oraciones no serán contestadas. La discordia entre cónyuges o la desobediencia no garantizan las respuestas de parte de Dios (1 Pedro 3:7).

Debemos tener presente que las condiciones aquí mencionadas crean un muro entre Dios y nosotros; Él alejará Su rostro de nosotros y no responderá nuestra oración, por lo que primero debemos buscar el reino de Dios y Su justicia, clamar a Él en oración para alcanzar los deseos de nuestro corazón y recibir siempre Sus respuestas al aferrarnos hasta el fin con firmeza de fe.

Secretos para recibir las respuestas a nuestras oraciones

Durante la fase inicial de nuestra vida en Cristo, nos asemejamos en lo espiritual a un bebé y Dios responde nuestro clamor de modo inmediato. Ya que la persona no conoce aún la verdad completa, si pone en acción la Palabra de Dios que ha aprendido, incluso un poco, Dios le responde como si fuera un bebé que llora por su leche y lo lleva a tener un encuentro con Él. Ya que continuamente escucha y entiende la verdad, crecerá y superará la fase de 'infante'; mientras más ponga la verdad en acción, Dios le responderá más. Si un individuo pasa la etapa de 'niñez' en lo espiritual pero sigue pecando y deja de vivir según la

Verdad, no podrá recibir las respuestas de Dios y de ahí en adelante verá las respuestas de Dios en la medida en que alcance la santificación.

Por consiguiente, para que la gente que no ha recibido Sus respuestas pueda hacerlo, primero deben arrepentirse, alejarse de sus caminos y empezar a vivir vidas obedientes de acuerdo a la Palabra de Dios. Cuando permanecen en la verdad tras arrepentirse mediante la rendición de su corazón, Dios les otorga bendiciones maravillosas. Ya que Job tenía solo fe acumulada a manera de conocimiento, al principio se quejó contra Dios cuando enfrentó tribulaciones y sufrimiento. Pero una vez que tuvo un encuentro con Dios y se arrepintió rindiendo su corazón, perdonó a sus amigos y vivió de acuerdo a la Palabra de Dios. En consecuencia, Dios bendijo a Job con el doble de lo que había tenido antes (Job 42:5-10).

Jonás se encontró encerrado en un gran pez a causa de su desobediencia a la Palabra de Dios. Sin embargo cuando oró, se arrepintió y agradeció en oración con fe, Dios ordenó al pez que vomitara a Jonás en tierra seca (Jonás 2:1-10).

Cuando nos apartamos de nuestros caminos, nos arrepentimos y vivimos de acuerdo a la voluntad del Padre, cuando creemos y levantamos nuestro clamor a Él, el enemigo diablo vendrá por una dirección, ¡pero huirá por siete! Las enfermedades, los problemas con nuestros hijos y las dificultades financieras se resolverán de manera natural; un esposo que causa persecución llegará a ser un hombre bueno y cariñoso, y una familia que emana el aroma de Cristo glorificará a Dios en gran manera.

Si nos apartamos de nuestros caminos, nos arrepentimos y recibimos Sus respuestas a nuestras oraciones, debemos glorificar a Dios dando testimonio de nuestro gozo. Cuando agradamos y glorificamos a Dios a través de nuestro testimonio, Él no solo recibe la gloria y no solo se deleita en nosotros, sino que también siente un intenso deseo de preguntarnos: "¿Qué puedo darte?"

Supongamos que un padre da un presente a su hijo y este no se muestra agradecido ni expresa su gratitud de alguna manera; pues el padre no deseará darle nada más. No obstante, si el hijo empieza a demostrar su aprecio por el presente y agrada a su padre, éste se deleitará y deseará darle más obsequios, y en consecuencia se preparará para ello. De igual manera, recibiremos mucho más de parte de Dios cuando le glorifiquemos y recordemos que nuestro Dios Padre se deleita en Sus hijos que reciben respuestas a sus oraciones y les da incluso más dádivas buenas a los que testifican de sus bendiciones.

¡Pidamos todos de acuerdo a la voluntad de Dios, demostrémosle nuestra fe y devoción y recibamos de Su parte todo lo que pedimos! El acto de mostrar nuestra fe y devoción a Dios quizás puede parecer una tarea difícil desde la perspectiva del hombre. Sin embargo, solo después de un proceso como el de alejar los pecados graves que se levantan contra la verdad, al poner nuestros ojos en el Cielo eterno, al recibir respuestas a nuestras oraciones y construir nuestras recompensas en el reino celestial, nuestras vidas serán llenas de gratitud y gozo y valdrán la pena. Es más, nuestras vidas serán muy bendecidas porque las tribulaciones y sufrimientos se habrán alejado y el verdadero bienestar se sentirá gracias a la guía y protección de Dios.

Ruego en el nombre de Jesucristo que usted pida con fe cualquier cosa que desee, que clame con fervor, que luche contra el pecado y obedezca Sus mandamientos para poder recibir todo lo que pide, que sea de agrado para Dios en todo y que lo glorifique en gran manera.

Capítulo 2

Es necesario pedirle a Él

Ezequiel 36:31-37

"Y os acordaréis de vuestros malos caminos, y de vuestras obras que no fueron buenas; y os avergonzaréis de vosotros mismos por vuestras iniquidades y por vuestras abominaciones. No lo hago por vosotros, dice Jehová el Señor, sabedlo bien; avergonzaos y cubríos de confusión por vuestras iniquidades, casa de Israel. Así ha dicho Jehová el Señor: El día que os limpie de todas vuestras iniquidades, haré también que sean habitadas las ciudades, y las ruinas serán reedificadas. Y la tierra asolada será labrada, en lugar de haber permanecido asolada a ojos de todos los que pasaron. Y dirán: Esta tierra que era asolada ha venido a ser como huerto del Edén; y estas ciudades que eran desiertas y asoladas y arruinadas, están fortificadas y habitadas. Y las naciones que queden en vuestros alrededores sabrán que yo reedifiqué lo que estaba derribado, y planté lo que estaba desolado; yo Jehová he hablado, y lo haré. Así ha dicho Jehová el Señor: Aún seré solicitado por la casa de Israel, para hacerles esto; multiplicaré los hombres como se multiplican los rebaños".

A lo largo de los sesenta y seis libros de la Biblia, Dios quien es el mismo ayer, hoy y por siempre (Hebreos 13:8) da testimonio del hecho de que Él está vivo y que Él obra; a todos aquellos que han creído en Su Palabra y han obedecido, tanto en los tiempos del Antiguo como del Nuevo Testamento y en la actualidad, Dios ha mostrado de manera fiel la evidencia de Su obra.

Dios el Creador de todo en el universo y el Gobernador de la vida, la muerte, la maldición y las bendiciones de la humanidad ha prometido 'bendecirnos' (Deuteronomio 28:5-6) siempre y cuando creamos y obedezcamos toda Su Palabra contenida en la Biblia. Ahora, si nosotros en verdad creemos en este hecho sorprendente y maravilloso, ¿qué podría hacernos falta y qué no podríamos recibir? Números 23:19 nos recuerda: *"Dios no es hombre, para que mienta, ni hijo de hombre para que se arrepienta. El dijo, ¿y no hará? Habló, ¿y no lo ejecutará?"* ¿Acaso Dios habla y no obra? ¿Acaso Dios ofrece y no cumple? Además, ya que Jesús nos ha prometido en Juan 16:23 que 'todo cuanto pidamos al Padre en Su nombre, nos lo dará', los hijos de Dios son verdaderamente bendecidos.

De este modo, es muy natural que los hijos de Dios lleven vidas en las que reciben todo lo que piden y que den gloria a su Padre celestial. ¿Por qué entonces la mayoría de cristianos fracasan en vivir este tipo de vida? En base al versículo en el que se centra este capítulo, exploraremos las maneras en las que podemos recibir respuestas de parte de Dios.

Dios ha hablado y así lo hará, pero es necesario que se lo pidamos

En calidad de pueblo escogido por Dios, el pueblo de Israel ha recibido bendiciones abundantes. Se les prometió que si obedecían por completo y se regían a la Palabra de Dios, Él los pondría por sobre todas las naciones de la Tierra, entregaría los enemigos que se levantaran contra ellos para que fuesen derrotados antes que ellos y que todo aquello en lo que pusieren sus manos sería bendecido (Deuteronomio 28:1, 7, 8). Estas bendiciones alcanzaron a los israelitas cuando obedecían la Palabra de Dios, pero cuando hacían lo malo, cuando desobedecían la Ley y adoraban ídolos, eran tomados cautivos y sus tierras se arruinaban por causa de la ira de Dios.

En aquel entonces Dios les dijo a los israelitas que si se arrepentían y se alejaban de sus malos caminos, Él permitiría que la tierra desolada fuera cultivada y que los lugares en ruinas fueran reconstruidos. En Ezequiel 36:36-37 nuestro Dios nos recuerda: *"...yo Jehová he hablado, y lo haré. Así ha dicho Jehová el Señor: Aún seré solicitado por la casa de Israel, para hacerles esto...".*

¿Por qué prometió Dios a los israelitas que lo haría, pero les dijo también que necesitaban 'pedírselo'?

Aunque Dios conoce lo que necesitamos incluso antes de que le pidamos (Mateo 6:8), Él también nos ha dicho: *"Pedid, y se os dará... Porque todo aquel que pide, recibe. Pues si vosotros, siendo malos, sabéis dar buenas dádivas a vuestros hijos, ¿cuánto más vuestro Padre que está en los cielos dará buenas cosas a los que le pidan?"* (Mateo 7:7-11).

Además de esto, Dios nos dice a lo largo de toda la Biblia, que necesitamos pedir y clamar para poder recibir Sus respuestas (Jeremías 33:3; Juan 14:14). Los hijos de Dios que en verdad creen en Su Palabra deben pedir a Dios aunque Él ya ha hablado y ha dicho que así lo hará.

Por un lado, cuando Dios dice que 'lo hará', si nosotros obedecemos y creemos en Su Palabra recibiremos las respuestas. Por otro lado, si dudamos, si probamos a Dios y dejamos de ser agradecidos y más bien nos quejamos en medio de las pruebas y sufrimientos, en resumen, si dejamos de creer en las promesas de Dios, no podremos recibir respuestas de Su parte. Aunque Dios ya ha prometido que 'lo hará', esa promesa solo se cumplirá si nosotros nos aferramos a ella con oración y obras. No se puede decir que uno tiene fe si no pide, sino que al contrario observa la promesa y dice: "Así será porque Dios ya lo ha dicho". Ni tampoco se podrá recibir las respuestas de Dios porque no hay obras que acompañen esa fe.

Debemos pedir para recibir las respuestas de Dios

Primero: debe orar para destruir el muro que se levanta entre usted y Dios.

Cuando Daniel fue llevado cautivo a Babilonia después de la caída de Jerusalén, se encontró con las Escrituras que contienen la profecía de Jeremías y aprendió que la desolación de Jerusalén duraría setenta años durante los cuales, tal como Daniel había aprendido, Israel serviría al rey de Babilonia. Al finalizar ese tiempo, no obstante, el rey de Babilonia, su reino y la tierra de los caldeos llegaría a ser maldecida y desolada de modo perpetuo por causa de sus pecados. A pesar de que los israelitas estuvieron cautivos en Babilonia en el momento, la profecía de Jeremías de que llegarían a independizarse y que regresarían a su tierra después de setenta años fue una fuente instantánea de gozo y alivio para Daniel.

Aun así, Él no compartió su gozo con sus compañeros israelitas, aunque pudo haberlo hecho con facilidad, sino que, más bien se dedicó a clamar a Dios en oración y súplicas, con ayuno, cilicio y ceniza; se arrepintió por sus pecados y los del pueblo de Israel, por haber obrado mal, por su maldad y su rebelión, por haberse alejado de los mandamientos y leyes de Dios (Daniel 9:3-19).

Dios había revelado a través de la profecía de Jeremías únicamente que el fin de la cautividad de Israel llegaría después de siete décadas, pero no había indicado de qué manera ocurriría. Sin embargo, ya que Daniel conocía la ley del reino espiritual, estaba muy consciente de que el muro que se levantaba entre Israel y Dios tendría que ser destruido primero para que se pudiera cumplir la Palabra de Dios. Por medio de esto, Daniel mostró su fe con obras; mientras él ayunaba y se arrepentía por sí mismo y por el pueblo de Israel por haber obrado mal en contra de Dios y haber sido maldecidos, Dios destruyó el muro, respondió a Daniel, les dio a los israelitas 'setenta semanas' y le reveló otros secretos.

Al llegar a ser hijos de Dios que piden de acuerdo a la Palabra de nuestro Padre, debemos comprender que el acto de destrucción del muro de pecado precede al de recibir cualquier respuesta a nuestra oración, por lo que debemos hacer de esto nuestra prioridad.

Segundo: debe orar con fe y obediencia.

En Éxodo 3:6-8 leemos acerca de la promesa de Dios para el pueblo de Israel que en aquel momento se encontraba esclavo en Egipto; Él los sacaría de Egipto y los llevaría a Canaán, la tierra en la que fluye leche y miel. Canaán es una tierra que Dios prometió a los israelitas como posesión (Éxodo 6:8). Él juró que daría la tierra a sus descendientes y les mandó que fueran a ella (Éxodo 33:1-3); una tierra prometida donde Dios ordenó a Israel que destruyera todos los ídolos existentes y les alertó contra las alianzas con la gente que ya vivía ahí y con sus dioses para que no crearan un lazo entre ellos y su Dios. Esta fue una promesa de parte del Dios que siempre cumple Sus promesas. Si es así, ¿por qué no pudieron los israelitas entrar en Canaán?

Por su falta de fe en Dios y en Su poder, el pueblo de Israel se quejó contra Él (Números 14:1-3) y le desobedeció, y así no tuvieron éxito en entrar a Canaán a pesar de haber estado a sus puertas (Números 14:21-23; Hebreos 3:18-19). En resumen, aunque Dios había prometido a los israelitas la tierra de Canaán, esa promesa no era válida si ellos no creían en Él y le obedecían.

Si ellos hubieran creído y obedecido, esa promesa ciertamente se hubiera cumplido. Al final únicamente Josué y Caleb quienes creyeron en la Palabra de Dios, junto a los descendientes de los israelitas, entraron a Canaán (Josué 14:6-12). Por medio de la historia de Israel recordemos que podemos recibir las bendiciones de Dios únicamente cuando le pedimos con confianza en Su promesa y en obediencia, y que recibiremos Sus respuestas al pedirle con fe.

A pesar de que Moisés ciertamente creía en la promesa de Dios sobre Canaán, debido a que los israelitas no creyeron en el poder de Dios, incluso a él se le prohibió entrar en la tierra prometida. A veces la obra de Dios se da por la fe de un hombre, pero otras veces se da únicamente cuando todos los involucrados poseen la fe suficiente para la manifestación de Su obra. Para entrar a Canaán, Dios requería la fe de todos los israelitas, no solo la de Moisés. Sin embargo, ya que no pudo encontrar este tipo de fe entre el pueblo de Israel, no permitió su entrada a la tierra de Canaán. Recuerde que cuando Dios busca la fe no solo de un individuo sino de todos los involucrados, cada uno necesita orar con fe y obediencia, y deben estar en acuerdo para poder recibir Sus respuestas.

Cuando la mujer que había sufrido de flujo de sangre durante 12 años fue sanada al tocar el manto de Jesús, Él preguntó: *"¿Quién ha tocado mis vestidos?"* e hizo que ella testificara de su sanidad frente a la multitud reunida (Marcos 5:30).

La persona que testifica acerca de la obra de Dios manifestada en su vida ayuda al crecimiento de la fe de los demás y los fortalece para que se conviertan en personas de oración que piden y reciben Sus respuestas. Ya que el acto de recibir respuestas de Dios por fe capacita a los creyentes a poseer fe y a tener un encuentro con el Dios vivo, esta es una manera verdaderamente magnífica de glorificarlo.

Al creer y obedecer la Palabra de bendición encontrada en la Biblia, y al tener en mente que es necesario pedir a pesar de que Dios ya nos ha prometido que 'Él hará según lo que ha hablado', anhelo que siempre recibamos Sus bendiciones, que lleguemos a ser Sus hijos bendecidos y que le glorifiquemos a Él para tener gozo en el corazón.

Capítulo 3

La ley espiritual
de las respuestas de Dios

Lucas 22:39-46

"Y saliendo, se fue, como solía, al monte de los Olivos; y sus discípulos también le siguieron. Cuando llegó a aquel lugar, les dijo: Orad que no entréis en tentación. Y él se apartó de ellos a distancia como de un tiro de piedra; y puesto de rodillas oró, diciendo: Padre, si quieres, pasa de mí esta copa; pero no se haga mi voluntad, sino la tuya. Y se le apareció un ángel del cielo para fortalecerle. Y estando en agonía, oraba más intensamente; y era su sudor como grandes gotas de sangre que caían hasta la tierra. Cuando se levantó de la oración, y vino a sus discípulos, los halló durmiendo a causa de la tristeza; y les dijo: ¿Por qué dormís? Levantaos, y orad para que no entréis en tentación".

Los hijos de Dios reciben la salvación y obtienen el derecho a recibir de parte de Él todo lo que pidan con fe. Es por eso que en Mateo 21:22 leemos: *"Y todo lo que pidiereis en oración, creyendo, lo recibiréis".*

Sin embargo, muchas personas se preguntan por qué no reciben respuestas de parte de Dios luego de orar, dudan de si su oración ha llegado ante Dios o si Él ha escuchado su clamor.

Pero así como necesitamos conocer los métodos y rutas adecuadas para tener un viaje libre de complicaciones hasta cierto destino, solo cuando tomamos conciencia de los métodos y rutas apropiadas de oración podremos recibir Sus respuestas con prontitud. La oración en sí no garantiza una respuesta de Dios; necesitamos aprender la ley del reino espiritual respecto a Sus respuestas para entonces orar de acuerdo a esa ley.

Examinemos la ley del reino espiritual concerniente a las respuestas de Dios y su relación con los siete Espíritus de Dios.

Ley del reino espiritual respecto a las respuestas de Dios

Ya que la oración consiste en pedir al Dios Todopoderoso las cosas que deseamos y necesitamos, podemos recibir Sus respuestas únicamente cuando le pedimos en acuerdo con la ley del reino espiritual. Ningún esfuerzo del hombre basado en sus pensamientos, métodos, fama y conocimiento provocarán las respuestas de parte de Dios.

Ya que Dios es un Juez justo (Salmos 7:11), Él escucha nuestra oración y la responde, pero requiere de nosotros una suma acorde a cambio de Sus respuestas las mismas que se pueden comparar con la compra de carne en una carnicería; si comparamos al carnicero con Dios, la balanza que usa puede ser el dispositivo con el que Él mide, en base a la ley del reino espiritual, si podemos o no recibir Sus respuestas.

Supongamos que vamos a la carnicería para comprar dos libras de carne; al pedir la cantidad requerida, el carnicero la pesa y observa si la cantidad que ha separado pesa o no las dos libras. Si es así, el carnicero recibe de nuestra parte la suma apropiada de dinero por las dos libras de carne y luego la empaca y nos la entrega.

De igual modo, mientras Dios responde nuestra oración, sin duda recibe algo de nuestra parte a cambio, lo cual garantiza Su respuesta. Esta es la ley del reino espiritual respecto a las respuestas de Dios.

Él escucha nuestra oración, acepta de nuestra parte algo de valor acorde y luego nos responde. Si alguien todavía no recibe las respuestas a sus oraciones de parte de Dios, se debe a que aún no ha presentado ante Él una suma acorde a Sus respuestas. Ya que la cantidad necesaria para recibir Sus respuestas varía dependiendo del contenido de nuestra oración, debemos orar y acumular la suma necesaria hasta recibir el tipo de fe con la cual podemos recibir las respuestas de Dios, y aunque no sabemos con detalle la cantidad acorde que Dios requiere de nosotros, ¡Él sí lo sabe! Por consiguiente, mientras prestamos mayor atención a la voz del Espíritu Santo, necesitamos pedir a Dios por ciertas cosas con ayuno, por otras cosas con voto de vigilia de oración, otras con oración de quebranto e incluso otras con ofrendas de gratitud. Tales obras acumulan la suma requerida para recibir las respuestas de Dios y Él nos da el tipo de fe por medio de la cual podemos creer y nos bendice con Sus respuestas.

Aunque dos personas se reúnan y empiecen un tiempo de voto de oración, quizás la una reciba las respuestas de Dios inmediatamente después de iniciar su voto, mientras que la otra no logra recibir Sus respuestas ni siquiera después de haber culminado el tiempo ofrecido en su voto. ¿Qué explicación encontramos para esta disparidad?

Ya que Dios es sabio y hace Sus planes con antelación, si declara que un individuo posee un corazón que se mantendrá orando hasta culminar el tiempo de su voto de oración, Él responderá la petición de aquel de manera inmediata. Pero si uno no logra recibir la respuesta de Dios a un problema que se enfrenta en el momento, se debe a que no se ha alcanzado una suma acorde a Sus respuestas. Cuando hacemos un voto de oración por cierto período de tiempo, debemos saber que Dios guía nuestros corazones de modo que podamos alcanzar la suma acorde de oración por Sus respuestas. En consecuencia, si no logramos alcanzar esa suma, tampoco lograremos recibir Sus respuestas.

Por ejemplo: si un hombre ora por su futura esposa, Dios busca para él la esposa adecuada y prepara todo de modo que Él pueda obrar para bien del hombre en todas las cosas. Esto no significa que la novia adecuada aparece ante los ojos del hombre aunque él no tenga aún la edad apropiada para casarse solo por el hecho de haber orado por ella. Ya que Dios responde a aquellos que creen que ya han recibido Su respuesta, en el momento propicio Él les revelará Su obra. Sin embargo, cuando nuestra oración no está alineada con Su voluntad, no habrá cantidad alguna de oración que garantice la respuesta de parte de Dios. Si ese mismo hombre busca y ora por las condiciones externas de su futura esposa, tales como su nivel educativo, apariencia, riquezas, fama y así por el estilo, es decir, si es una oración llena de codicia en base a su propio criterio, Dios no le responderá.

Aunque dos personas oren a Dios exactamente por el mismo problema, ya que el grado de santificación y la medida de fe con la que pueden creer por completo es distinta, la cantidad de oración que Dios recibe también es distinta (Apocalipsis 5:8). Uno puede recibir las respuestas de Dios dentro de un mes, mientras que el otro puede recibirlas en un día.

Es más, mientras mayor sea la importancia de la respuesta de Dios a la oración, mayor debe ser la cantidad de oración. Según la ley del reino espiritual, un gran vaso será probado más y surgirá como oro, mientras que un vaso pequeño será probado y usado por Dios en menor escala. Por consiguiente, nadie debe juzgar a los demás, ni decir: "Mira todas sus dificultades a pesar de su fidelidad...", ni debemos decepcionar a Dios de ninguna manera. Entre los antepasados de la fe, Moisés fue probado durante 40 años y Jacob por 20 años; como sabemos, cada uno llegó a ser un vaso idóneo ante los ojos de Dios y fueron usados para Sus grandes propósitos tras soportar las pruebas respectivas. Piense en el proceso de formación y entrenamiento de un equipo nacional de fútbol; si las habilidades de un jugador en particular son dignas de ponerlas en la nómina, únicamente podrá representar a su país después de invertir mayor esfuerzo y tiempo de entrenamiento.

Ya sea que la respuesta que buscamos de parte de Dios sea grande o pequeña, debemos conmover Su corazón para recibir Sus respuestas. Al orar para recibir todo lo que pidamos, Dios se conmoverá y nos responderá cuando le ofrezcamos una suma acorde de oración, cuando limpiemos nuestro corazón para no tener ningún muro de pecado levantado entre Dios y nosotros, y cuando le demos nuestra gratitud, gozo, ofrendas y demás como una muestra de nuestra fe en Él.

Relación entre la Ley del reino espiritual y los Siete Espíritus

Como hemos examinado en la metáfora anterior acerca del carnicero y su balanza, según la ley del reino espiritual Dios mide la cantidad de la oración de cada uno sin error alguno, y determina si la persona ha acumulado la suma acorde de oración. Mientras la mayoría de personas hace juicios sobre un objeto en particular solo en base a lo visible ante sus ojos, Dios hace una evaluación exacta con los Siete Espíritus de Dios (Apocalipsis 5:6). En otras palabras, cuando una persona es declarada como 'calificada' por parte de los Siete Espíritus, se le otorgan las respuestas a su oración.

¿Qué es lo que miden estos siete Espíritus?

Primero: los siete Espíritus miden la fe.
En relación a la fe encontramos la 'fe espiritual' y la 'fe carnal'. El tipo de fe que miden los siete Espíritus no es la fe como conocimiento, es decir la fe carnal, sino la fe espiritual que está viva y acompañada por obras (Santiago 2:22). Por ejemplo: hay una escena en Marcos 9 en la cual el padre de un niño que estaba poseído por demonios que lo habían dejado mudo se acercó a Jesús (Marcos 9:17). El padre le dijo a Jesús: *"Creo; ayuda mi incredulidad"*. Vemos que el padre confiesa su fe carnal al decir "creo", y pide a Jesús fe espiritual diciendo "ayuda mi incredulidad". Jesús responde al padre de manera inmediata y sana a su hijo (Marcos 9:18-27).

Es imposible agradar a Dios sin fe (Hebreos 11:6). Sin embargo, nosotros podemos alcanzar los deseos de nuestro corazón cuando le agradamos a Él y mostramos la fe que es de Su agrado. Por consiguiente, si no recibimos las respuestas de parte de Dios aunque Él nos ha dicho que 'las cosas se harán según lo que hemos creído', significa que nuestra fe aún no está completa.

Segundo: los siete Espíritus miden el gozo.
Según lo que expresa 1 Tesalonicenses 5:16, la voluntad de Dios para nosotros es que nos regocijemos en todo tiempo. En la actualidad muchos cristianos se encuentran a sí mismos inmersos

en la ansiedad, el temor y la preocupación en lugar de sentirse gozosos al enfrentar tiempos difíciles; si en realidad confiaran en el Dios vivo con todo el corazón, podrían estar siempre llenos de gozo indiferentemente de las situaciones en las que se encuentren y lograrían estar gozosos con una ferviente esperanza centrada en el reino celestial eterno, no en este mundo que dejará de ser en un corto tiempo.

Tercero: los siete Espíritus miden la oración.

Ya que Dios nos dice que oremos sin cesar (1 Tesalonicenses 5:17) y promete dar a los que le piden (Mateo 7:7), recibir de parte de Él lo que pedimos en oración tiene perfecto sentido. El tipo de oración con el que Dios se complace implica la oración habitual (Lucas 22:39) y de rodillas según Su voluntad. Con esta actitud y postura naturalmente clamaremos a Dios con todo el corazón y nuestra oración será de fe y amor. Dios examina este tipo de oración; no debemos orar solo cuando queremos algo o nos sentimos tristes y balbuceamos al orar, sino que debemos hacerlo de acuerdo a la voluntad de Dios (Lucas 22:39-41).

Cuarto: los siete Espíritus miden la gratitud.

Ya que Dios nos ha mandado que demos gracias en todo (1 Tesalonicenses 5:18), cualquiera que tenga fe naturalmente debe dar gracias en todo con sinceridad de corazón. Ya que él nos ha llevado del camino de destrucción al de vida eterna, ¿cómo no podríamos estar agradecidos? Debemos estar agradecidos porque Dios va al encuentro de aquellos que lo buscan y responde lo que le piden; es más, aunque enfrentemos dificultades durante nuestra corta vida en este mundo, debemos sentir gratitud porque nuestra esperanza está en el mundo eterno.

Quinto: los siete Espíritus miden si uno está o no cumpliendo con los mandamientos de Dios.

1 Juan 5:2 nos dice: *"En esto conocemos que amamos a los hijos de Dios, cuando amamos a Dios, y guardamos sus mandamientos", "...y sus mandamientos no son gravosos"* (1 Juan 5:3). La oración habitual de un individuo sobre sus rodillas y clamando a Dios es una oración de amor derivada de su fe; por su fe y amor por Dios, orará según Su Palabra.

Sin embargo, muchos se quejan respecto a la falta de respuestas de parte de Dios cuando van hacia 'el oeste' aunque la Biblia dice que vayan 'al este'. Todo lo que necesitan hacer es creer lo que dice la Biblia y obedecerlo. Ya que son rápidos para dejar de lado la Palabra de Dios, para juzgar cada situación de acuerdo a sus propios pensamientos y teorías y orar según su propio beneficio, Dios aleja Su rostro de ellos y no les responde. Supongamos que usted promete encontrarse con un amigo en la estación de tren en la ciudad de Nueva York, pero más tarde se da cuenta de que usted prefiere el bus antes que el tren y entonces toma el bus a Nueva York. No importa cuánto tiempo espere a su amigo en la estación de bus, jamás podrá encontrarse con él ahí. Si usted camina al oeste aunque Dios le ha dicho que vaya 'al este', no se podrá decir que ha obedecido a Dios. Es trágico y desgarrador ver tantos cristianos que poseen este tipo de fe; no es fe y tampoco es amor. Si decimos que amamos a Dios, nos será muy natural guardar Sus mandamientos (Juan 14:15; 1 Juan 5:3).

El amor por Dios nos conducirá a orar con mucho más celo y diligencia lo que a cambio producirá fruto en la salvación de las almas y la evangelización, y en el cumplimiento del reino de Dios y Su justicia. Además nuestra alma prosperará y recibiremos el poder de la oración. Ya que recibiremos las respuestas y daremos gloria a Dios y debido a que creeremos que esto será recompensado en los Cielos, sentiremos gratitud y no nos cansaremos. De este modo, si profesamos nuestra fe en Dios, nos será natural obedecer los Diez Mandamientos, las actas resumidas de los sesenta y seis libros de la Biblia.

Sexto: los siete Espíritus miden la fidelidad.

Dios quiere que seamos fieles, no solo en un área en particular sino en toda Su casa. Además, tal como está escrito en 1 Corintios 4:2 que dice: *"Ahora bien, se requiere de los administradores, que cada uno sea hallado fiel"*, es correcto que aquellos a quienes Dios les ha asignado responsabilidades pidan a Dios que los fortalezca para ser hallados fieles en todo y dignos de la confianza de quienes los rodean. Deben asimismo pedir para ser fieles en casa y en el trabajo, y que a medida que se esfuerzan por ser fieles en todo aquello en lo que participan, su fidelidad debe estar acompañada por la verdad.

Séptimo: los siete Espíritus miden el amor.

Aunque uno esté calificado según los siete estándares aquí

mencionados, Dios nos dice que sin amor 'no somos más que címbalos que resuenan' y que el mayor entre la fe, la esperanza y el amor, es el amor. Además Jesús dio cumplimiento a la ley con amor (Romanos 13:10) y, en calidad de hijos Suyos, lo correcto es que nosotros nos amemos unos a otros.

Para poder recibir las respuestas de Dios a nuestras oraciones, primero debemos estar calificados según los estándares de los siete Espíritus. ¿Significa esto que los nuevos creyentes que todavía no conocen la verdad no pueden recibir las respuestas de parte de Dios?

Supongamos que un infante que aún no sabe hablar, de repente un día pronuncia claramente la palabra "mamá". Sus padres se sentirán maravillados y le darán cualquier cosa que desee.

De igual manera, ya que hay distintos niveles de fe, los siete Espíritus miden cada uno y responden de acuerdo a ellos. Por consiguiente, Dios se conmueve y deleita al responder a un principiante cuando este muestra incluso poca fe. Dios se conmueve y deleita en responder cuando los creyentes en el segundo o tercer nivel de fe han acumulado la medida de fe correspondiente; los creyentes en el cuarto o quinto nivel de fe, ya que viven según la voluntad de Dios y oran de una manera incluso más acorde a Él, son calificados de modo instantáneo ante los ojos de los siete Espíritus y reciben las respuestas de Dios con mayor rapidez.

En resumen, mientras mayor sea el nivel de fe en el que uno se encuentre, estará más consciente de la ley del reino espiritual y vivirá de acuerdo a ella, y finalmente recibirá las respuestas de Dios con mayor prontitud. Pero, ¿por qué razón los principiantes a menudo reciben las respuestas de Dios con más rapidez? Por la gracia que reciben de parte de Dios, los principiantes llegan a estar llenos del Espíritu Santo y calificados ante los ojos de los siete Espíritus y así reciben las respuestas de Dios más pronto.

No obstante, al sumergirse en la verdad se torna perezoso y poco a poco pierde el primer amor ya que el celo que una vez tenía se enfría y se desarrolla una tendencia a 'crear sus propios criterios'.

En nuestro fervor por Dios, lleguemos a ser correctos ante los ojos de los siete Espíritus al vivir con pasión según la verdad, recibiendo de nuestro Padre todo lo que pidamos en oración y llevando vidas bendecidas con las cuales podamos glorificarle.

Capítulo 4

Destruya el muro de pecado

Isaías 59:1-2

"He aquí que no se ha acortado la mano de Jehová
para salvar, ni se ha agravado su oído
para oír; pero vuestras iniquidades han hecho división
entre vosotros y vuestro Dios,
y vuestros pecados han hecho ocultar de vosotros
su rostro para no oír".

En Mateo 7:7-8, Dios dice a Sus hijos: *"Pedid, y se os dará; buscad, y hallaréis; llamad, y se os abrirá. Porque todo aquel que pide, recibe; y el que busca, halla; y al que llama, se le abrirá"*; Él promete responderles sus oraciones. Sin embargo, ¿por qué muchas personas no logran recibir respuesta a sus oraciones a pesar de Su promesa?

Dios no escucha la oración de los pecadores; Él aleja Su rostro de ellos y no puede responder la oración de aquellos que tienen un muro de pecado que se levanta en su camino hacia Dios. Por consiguiente, para poder disfrutar de buena salud y para que todo nos vaya bien mientras nuestra alma prospera, la destrucción del muro de pecado que bloquea nuestro camino hacia Dios debe ser una prioridad.

Por medio de la exploración de los varios elementos que han tomado lugar en la edificación del muro de pecado, le animo a que se convierta en un hijo bendecido de Dios, que se arrepiente de sus pecados en caso de haber un muro de pecado entre usted y Dios y que recibe todo lo que pide a Dios en oración y le glorifica.

Destruya el muro de pecado levantado por su falta de fe en Dios y por no aceptar al Señor como su Salvador.

La Biblia indica que el acto de no creer en Dios ni aceptar a Jesucristo como Salvador es pecado (Juan 16:9). Muchas personas dicen: "Estoy libre de pecado porque he vivido una buena vida", pero hacen estas confesiones por causa de su ignorancia espiritual, sin conocer la naturaleza del pecado. Ya que la Palabra de Dios no está en su corazón, estos individuos no conocen la diferencia entre el bien verdadero y el mal verdadero, y no pueden distinguir lo bueno de lo malo. Es más, ya que desconocen la rectitud verdadera, si los estándares de este mundo les dicen que "no son tan malos", sin reservas dicen que son personas buenas. No importa cuán buena crea que ha sido su vida, al reflexionar en la vida bajo la luz de la Palabra de Dios después de aceptar a Jesucristo, se descubre que la vida no ha sido 'buena' en lo absoluto, debido a que uno se da cuenta de que al no creer en Dios ni aceptar a Jesucristo se ha caído en el pecado más grave de todos. Dios está obligado a responder a la oración de la gente que ha aceptado a Jesucristo y han llegado a ser Sus hijos, mientras que los hijos de Dios tienen el derecho a recibir Sus respuestas a la oración según Su promesa.

La razón por la que los hijos de Dios que creen en Él y han aceptado a Jesucristo como Salvador no logran recibir respuestas a sus oraciones es porque fracasan en reconocer la existencia de un muro entre sí mismos y Dios, levantado por su pecado y maldad. Por esto, incluso al ayunar o hacer vigilia de oración, Dios aleja Su rostro de ellos y no les contesta la oración.

Destruya el pecado de no amarse unos a otros.

Dios nos dice que es natural que Sus hijos se amen unos a otros (1 Juan 4:11). Además, ya que nos dice que amemos incluso a nuestros enemigos (Mateo 5:44), aborrecer a nuestros hermanos en lugar de amarlos es un acto de desobediencia a la Palabra de Dios y por ende constituye un pecado.

Ya que Jesucristo mostró Su amor por medio de la crucifixión por la humanidad que está confinada en el pecado y la maldad, es correcto que nosotros amemos a nuestros padres, hermanos e hijos. Por el contrario, albergar emociones frívolas tales como el odio y la falta de disposición para perdonar a los demás es un pecado muy grave. Dios no nos ha mandado que le mostremos el tipo de amor con el cual Jesús murió en la cruz para redimir al hombre de sus pecados; simplemente nos pidió que transformemos el odio en perdón a los demás. ¿Por qué es esto tan difícil? Dios nos dice que cualquiera que aborrece a su hermano es un homicida (1 Juan 3:15) y que Él nos tratará de la misma manera a menos que perdonemos a nuestros hermanos (Mateo 18:35); nos alienta a albergar el amor y a mantenernos alejados de la murmuración contra los demás a fin de evitar ser juzgados (Santiago 5:9).

Ya que el Espíritu Santo mora en cada uno de nosotros, por medio del amor de Jesucristo quien fue crucificado y nos ha redimido de los pecados del pasado, el presente y el futuro, podemos amar a toda persona cuando nos arrepentimos ante Él, nos alejamos de nuestros caminos y recibimos Su perdón. Por el contrario, debido a que la gente de este mundo no cree en Jesucristo, no hay perdón para ellos aunque se arrepientan y tampoco logran compartir amor verdadero con los demás porque carecen de la dirección del Espíritu Santo.

Aunque su hermano lo aborrezca, usted debe poseer el tipo de corazón con el cual se levanta firme en la verdad, comprende y perdona a su hermano y ora por él con amor a fin de que usted mismo no se convierta en un pecador. Si aborrecemos a nuestros hermanos en lugar de amarlos, habremos pecado ante Dios; así perderemos la llenura del Espíritu Santo, seremos infelices e insensatos, pasaremos todos nuestros días lamentándonos y tampoco podremos esperar respuestas de parte de Dios.

Solo con la ayuda del Espíritu Santo podemos llegar a amar, entender y perdonar a nuestros hermanos, así como recibir de parte de Dios todo cuanto pidamos en oración.

Destruya el muro de pecado de desobediencia a los mandamientos de Dios.

En Juan 14:21, Jesús nos dice: *"El que tiene mis mandamientos, y los guarda, ése es el que me ama; y el que me ama, será amado por mi Padre, y yo le amaré, y me manifestaré a él"*. Por esta razón, 1 Juan 3:21 dice lo siguiente: *"Amados, si nuestro corazón no nos reprende, confianza tenemos en Dios"*. En otras palabras, si se ha creado un muro de pecado por causa de nuestra desobediencia a los mandamientos de Dios, no podremos recibir Sus respuestas a nuestra oración. Los hijos de Dios podrán pedir con confianza y recibir todo lo que deseen únicamente cuando obedezcan los mandamientos del Padre y hagan lo que es agradable ante Él.

1 Juan 3:24 nos recuerda: *"Y el que guarda sus mandamientos, permanece en Dios, y Dios en él. Y en esto sabemos que él permanece en nosotros, por el Espíritu que nos ha dado".* Este verso recalca que solo cuando el corazón esté lleno de la verdad al entregarlo por completo al Señor y vivir de acuerdo a la guía del Espíritu Santo, se podrá recibir todo lo que se pide y la vida será exitosa en todo.

Por ejemplo: si hubiese cien habitaciones en el corazón y se las entrega todas al Señor, el alma prosperará y recibirá bendiciones de bienestar en todo aspecto. Pero si la misma persona entrega al Señor cincuenta de aquellas habitaciones y usa las restantes a su antojo, no siempre podrá recibir respuestas porque únicamente recibirá dirección del Espíritu Santo la mitad del tiempo mientras usa esa mitad para pedir a Dios con sus pensamientos o de acuerdo a los deseos lujuriosos de la carne. Ya que el Señor habita en cada uno de nosotros, aunque haya un obstáculo al frente, Él nos fortalece para que vayamos a su alrededor o pasemos sobre él. Aunque caminemos por el valle de sombra Él nos da la manera de evitarlo, obra para nuestro bien en todas las cosas y conduce nuestros caminos para prosperar.

Cuando agradamos a Dios al obedecer Sus mandamientos, llegamos a vivir en Él y Él llega a vivir en nosotros; podemos glorificarle al recibir todo lo que pedimos en oración. Destruyamos el muro de pecado de desobediencia de los mandamientos de Dios y más bien empecemos a obedecer, a tener confianza ante Él y a glorificarle cada vez que recibimos lo que pedimos.

Destruya el muro de pecado levantado al orar por la satisfacción de sus propios deseos.

Dios nos dice que hagamos todo en esta vida para Su gloria (1 Corintios 10:31). Si oramos por cualquier cosa aparte de Su gloria, estamos buscando el cumplimiento de nuestros propios anhelos y deseos de la carne y no podremos recibir respuestas de Dios a tales peticiones (Santiago 4:3).

Por un lado, si se busca bendiciones materiales para el reino de Dios y Su justicia, para alivio de los pobres y los esfuerzos por la salvación de las almas, se recibirá respuestas de Su parte porque de hecho se está buscando Su gloria. Por otro lado, si se busca bendiciones materiales con el fin de vanagloriarse ante alguien que cuestiona el por qué de su pobreza a pesar de ser miembro de la iglesia, entonces estará orando de acuerdo a la maldad y en aras de satisfacer sus anhelos; por ende, no habrá respuesta a su oración. Incluso en este mundo, los padres que aman a sus hijos en verdad no les darán $100 para que los malgasten en juegos electrónicos. De igual manera, Dios no desea que Sus hijos caminen por el sendero incorrecto, y por esta razón no responde todas las peticiones que ellos le hacen.

En 1 Juan 5:14-15 leemos: *"Y esta es la confianza que*

tenemos en él, que si pedimos alguna cosa conforme a su voluntad, él nos oye. Y si sabemos que él nos oye en cualquiera cosa que pidamos, sabemos que tenemos las peticiones que le hayamos hecho". Solo al descartar nuestros anhelos y orar de acuerdo a la voluntad de Dios y para Su gloria, recibiremos cualquier cosa que le pidamos en oración.

Destruya el muro de pecado levantado por dudar al orar.

Dios se complace cuando mostramos nuestra fe, por ende, sin fe es imposible agradar a Dios (Hebreos 11:6). Incluso en la Biblia encontramos muchos ejemplos en los que las respuestas de Dios se abrieron camino hacia aquellos que mostraron su fe en Él (Mateo 20:29-34; Marcos 5:22-43, 9:17-27, 10:46-52). Cuando las personas no lograban mostrar su fe en Dios, eran reprendidas por su 'poca fe', incluso a pesar de ser discípulos de Jesús (Mateo 8:23-27). Cuando la gente mostraba a Dios su fe grande en Él, eran elogiados aun siendo gentiles (Mateo 15:28).

Dios reprende a aquellos que no pueden confiar sino que, al contrario, dudan incluso un poco (Marcos 9:16-29) y dice que si albergamos inclusive una onza de duda mientras oramos, no debemos pensar que recibiremos algo de parte del Señor (Santiago 1:6-7). En otras palabras, aunque ayunemos y hagamos vigilia de oración, si nuestra oración está llena de duda, no debemos esperar recibir respuesta alguna de parte de Dios.

Es más, Él nos recuerda: *"Porque de cierto os digo que cualquiera que dijere a este monte: Quítate y échate en el mar, y no dudare en su corazón, sino creyere que será hecho lo que dice, lo que diga le será hecho. Por tanto, os digo que todo lo que pidiereis orando, creed que lo recibiréis, y os vendrá"* (Marcos 11:23-24).

"Dios no es hombre, para que mienta, ni hijo de hombre para que se arrepienta. El dijo, ¿y no hará? Habló, ¿y no lo ejecutará?" (Números 23:19); como está escrito, Dios ciertamente responde a la oración de aquellos que creen y piden para Su gloria. Quienes aman a Dios y poseen fe están ligados a creer y buscar la gloria de Dios y es por eso que se les dice que pidan cualquier cosa que deseen; al creer, pedir y recibir la respuesta a lo que pidan, estas personas podrán glorificar a Dios. Despojémonos de toda duda y solamente creamos. pidamos y recibamos de parte de Dios de modo que podamos glorificarlo para alegría de nuestro corazón.

Destruya el muro de pecado levantado por no sembrar ante Dios.

En calidad de Gobernante de todo en el universo, Dios ha establecido la ley del reino espiritual y como Juez justo Él guía todo de manera muy ordenada.

El rey Darío no pudo rescatar a su siervo amado Daniel del foso de los leones porque, aunque era el rey, no podía desobedecer el decreto que él mismo había publicado. Del mismo modo, ya que Dios no puede desobedecer la ley del reino espiritual que Él mismo ha establecido, todo en el universo gira sistemáticamente bajo Su supervisión. Por consiguiente, 'Dios no puede ser burlado'; Él permite que el hombre coseche lo que ha sembrado (Gálatas 6:7). Si alguien siembra oración, recibe bendiciones espirituales; si siembra tiempo, recibe bendiciones de buena salud; si siembra ofrendas, Dios mantiene los problemas alejados de su negocio, trabajo y hogar y le da aun mayores bendiciones materiales.

Al sembrar ante Dios de varias maneras, Él responde nuestras oraciones y nos da cualquier cosa que pidamos. Al sembrar celosamente ante Dios no solo cosecharemos frutos abundantes sino que también recibiremos cualquier cosa que le pidamos en oración.

Además de los seis muros de pecado aquí mencionados, el 'pecado' incluye deseos y obras de la carne tales como la injusticia, la envidia, la rabia, la ira y el orgullo, el no batallar contra el pecado al punto de derramar sangre y el no tener celo por el reino de Dios. Al aprender y comprender una variedad de factores que constituyen el muro de pecado entre Dios y nosotros, podremos destruir ese muro y recibir siempre las respuestas de parte de Dios para así darle la gloria a Él. Todos nosotros debemos llegar a ser creyentes que disfrutan de buena salud y para quienes cada aspecto de la vida va bien mientras nuestra alma prospera.

En base a la Palabra de Dios escrita en Isaías 59:1-2, hemos examinado una variedad de factores que constituyen el muro que se levanta entre Dios y nosotros. Ruego en el nombre de Jesucristo que usted llegue a ser un hijo bendecido de Dios; que por una parte entienda la naturaleza de ese muro, pero por otra disfrute de buena salud y tenga bienestar en todo mientras prospera su alma, para que así glorifique al Padre celestial al recibir todo lo que le pida en oración.

Capítulo 5

Usted cosecha lo que ha sembrado

2 Corintios 9:6-7

"Pero esto digo: El que siembra escasamente, también segará escasamente; y el que siembra generosamente, generosamente también segará. Cada uno dé como propuso en su corazón: no con tristeza, ni por necesidad, porque Dios ama al dador alegre".

Cada otoño podemos ver en los campos la abundancia de olas doradas formadas por las plantaciones de arroz. Sabemos que para que estas plantaciones sean cosechadas se ha requerido del esfuerzo y dedicación de los agricultores, desde el momento que se siembran las semillas hasta la fertilización de la tierra y el cuidado de la plantación durante la primavera y el verano.

Un agricultor que posee un terreno grande y ha sembrado más semillas debe esforzarse más que el agricultor que plantó menos, pero que con la esperanza de cosechar mucho trabaja con mayor diligencia y arduamente. Ya que la ley de la naturaleza dicta que "lo que se siembra, se cosecha", debemos saber que la ley de Dios quien es el Dueño del reino espiritual, sigue el mismo patrón.

Entre los cristianos de hoy, algunos siguen pidiendo a Dios por el cumplimiento de sus deseos sin antes sembrar, y otros se quejan de la falta de Sus respuestas a pesar de orar mucho. Aunque Dios quiere dar a Sus hijos bendiciones sobreabundantes y respuestas a cada uno de sus problemas, estos no logran entender la ley de la siembra y la cosecha, razón por la que no reciben de parte de Dios lo que desean.

En base a la ley de la naturaleza que nos dice que 'uno cosecha lo que ha sembrado', descubramos qué es lo que debemos sembrar y cómo debemos hacerlo a fin de recibir siempre las respuestas de Dios y darle gloria sin reservas.

En primer lugar el terreno debe ser cultivado.

Antes de sembrar las semillas, el agricultor debe cultivar el terreno en el que trabajará; recoge las piedras, nivela el suelo y crea un ambiente y condiciones en las que las semillas pueden crecer de manera adecuada. Según la dedicación y el esfuerzo del agricultor, aun una tierra desolada puede tornarse en un terreno fértil.

La Biblia compara el corazón de cada persona con la tierra de un campo, y lo clasifica en cuatro tipos diferentes (Mateo 13:3-9).

Primer tipo: la tierra junto al camino

La tierra que está junto al camino es sólida; un individuo con este tipo de corazón asiste a la iglesia, pero aun después de escuchar la Palabra no abre la puerta de su corazón y por eso no logra conocer a Dios ni salir de la oscuridad debido a su falta de fe.

Segundo tipo: los pedregales

En este tipo de tierra los retoños no logran crecer adecuadamente por causa de las piedras; un individuo con este tipo de corazón conoce la Palabra como un mero conocimiento y su fe no está acompañada por obras. Ya que carece de la certeza de la fe, rápidamente cae en tiempos de tribulación y sufrimiento.

Tercer tipo: los espinos

En este terreno con espinos, por causa de las espinas que crecen y ahogan las plantas, no se pueden cosechar buenos frutos;

una persona con este tipo de corazón cree en la Palabra de Dios e intenta vivir de acuerdo a ella pero no actúa según la voluntad de Dios sino según los deseos de la carne y no puede producir fruto porque el crecimiento de la Palabra sembrada en su corazón es manipulado por la tentación de tener propiedades y ganancias o por las preocupaciones de este mundo. Aunque ore no podrá confiar en el Dios 'invisible' y por eso es rápido para involucrar sus propios pensamientos y métodos por lo que fracasa en experimentar el poder de Dios ya que Él solo puede mirar a estas personas desde lejos.

Cuarto tipo: la buena tierra

Un creyente con este tipo de tierra buena únicamente responde "Amén" a cualquier cosa que constituya la Palabra de Dios y la obedece con fe y sin interponer ninguno de sus pensamientos o estimaciones. Cuando se siembra semillas en esta buena tierra, estas crecen bien y producen fruto cien, sesenta o treinta veces más de lo sembrado.

Jesús únicamente respondió 'Amén' y fue fiel a la Palabra de Dios (Filipenses 2:5-8). Asimismo, una persona con 'buena tierra' del corazón es fiel a la Palabra de Dios de manera incondicional, y vive de acuerdo a ella; si Su Palabra dice que se debe estar siempre gozoso, está lleno de gozo ante toda situación y si dice que se debe orar sin cesar, lo hace de manera incesante. La persona que posee 'buena tierra' en el corazón podrá comunicarse con Dios siempre, recibirá todo lo que pida en oración y vivirá según Su voluntad.

Sin importar el tipo de tierra que se tenga en el corazón en cierto momento, siempre se la puede transformar en tierra buena; podemos arar los campos pedregosos y escoger las piedras, quitar las espinas y fertilizar los campos.

¿Cómo podemos cultivar la tierra de nuestro corazón para que sea 'buena'?

Primero: debemos adorar a Dios en espíritu y en verdad.

Debemos entregar a Dios nuestra mente, voluntad, dedicación y fuerzas; con amor debemos ofrecerle nuestro corazón. Solo así nos mantendremos a salvo de los pensamientos ociosos, la fatiga y el adormecimiento para poder convertir nuestros corazones en tierra buena por medio del poder que viene de lo Alto.

Segundo: debemos desechar nuestros pecados al punto de derramar sangre.

La tierra de nuestro corazón se tornará poco a poco en buena tierra mientras obedecemos por completo toda la Palabra de Dios, incluyendo los mandamientos que indican lo que se debe o no se debe guardar, y nos sujetamos a ella. Por ejemplo: cuando se descubre la envidia, los celos, el odio y cosas semejantes, únicamente podremos convertir la tierra en buena por medio de la oración ferviente.

Mientras más examinemos la tierra de nuestro corazón y la cultivemos con diligencia, nuestra fe crecerá más y todo nos irá bien gracias al amor de Dios. Celosamente debemos cultivar nuestra tierra porque mientras más vivamos en la Palabra de Dios, más crecerá nuestra fe espiritual; mientras más crece nuestra fe espiritual, más 'buena tierra' podremos poseer. Por esto debemos cultivar nuestro corazón con mayor diligencia.

Se debe sembrar diferentes semillas

Una vez que se ha cultivado la tierra, el agricultor empieza a sembrar las semillas. Así como ingerimos tipos diferentes de alimentos de modo equilibrado con el fin de mantener nuestra buena salud, el granjero planta y cultiva semillas diferentes como las de arroz, trigo, vegetales, cereales y demás.

Al sembrar ante Dios, debemos sembrar muchas cosas diferentes: "sembrar" se refiere en lo espiritual a la obediencia de lo que nos dice que hagamos en base a Sus mandamientos. Por ejemplo: si Dios nos dice que nos regocijemos siempre, podemos sembrar con el gozo proveniente de nuestra esperanza en el Cielo y, por medio de este gozo, Él también se deleita y nos concede los anhelos de nuestro corazón (Salmos 37:4). Si nos dice que 'prediquemos el evangelio', debemos difundir la Palabra de Dios con diligencia y si nos dice que 'nos amemos unos a otros' o que 'seamos fieles y agradecidos' y que 'oremos', con exactitud y diligencia debemos hacer lo que se nos pide.

Además de esto, ya que vivir según la Palabra de Dios en cosas tales como el diezmo y la observación del Día del Señor como día santo constituyen actos de siembra ante Él, lo que sembramos brotará, crecerá bien, florecerá y producirá fruto abundante.

Si sembramos escasamente, a regañadientes o por necesidad, Dios no aceptará nuestro esfuerzo. Al igual que un agricultor que siembra sus semillas con la esperanza de tener una buena cosecha en el otoño, con fe debemos nosotros creer también en Dios y poner nuestra mirada en Él quien nos bendice cien, sesenta o treinta veces más de lo que sembramos.

En Hebreos 11:6 encontramos: *"Pero sin fe es imposible agradar a Dios; porque es necesario que el que se acerca a Dios crea que le hay, y que es galardonador de los que le buscan".* Al poner nuestra confianza en Su Palabra, cuando ponemos nuestra mirada en el Dios que recompensa, y sembramos ante Él, podemos cosechar abundantemente en este mundo y almacenar nuestras recompensas en el reino celestial.

Se debe cuidar la tierra con perseverancia y dedicación

Después de sembrar las semillas, el agricultor atiende el campo con el mayor cuidado; riega las plantas, limpia la maleza y elimina cualquier insecto. Sin estos esfuerzos perseverantes, las plantas podrían crecer pero se marchitarían y morirían antes de producir un fruto.

En lo espiritual el 'agua' simboliza la Palabra de Dios; como está escrito en Juan 4:14 que dice: *"...mas el que bebiere del agua que yo le daré, no tendrá sed jamás; sino que el agua que yo le daré será en él una fuente de agua que salte para vida eterna",* el agua representa la vida eterna y la verdad. Al hablar de 'eliminación de insectos' nos referimos al acto de proteger del enemigo diablo la Palabra de Dios plantada en la tierra de nuestro corazón, lo que podemos lograr aunque el enemigo diablo se acerque para interferir con nuestra labor por medio de la llenura de la alabanza, adoración y oración en nuestro corazón.

El proceso de 'limpieza de maleza' es aquel en el que se descartan falsedades tales como la ira, el odio y cosas semejantes. Al orar con diligencia y esforzarse por despojarse de la ira y el odio, la ira es desarraigada mientras brota una semilla de mansedumbre y el odio será eliminado con el brote de una semilla de amor. Cuando se ha limpiado toda falsedad y se ha alejado al diablo enemigo que estaba interfiriendo la obra, podemos crecer como Sus hijos verdaderos.

Un aspecto importante del cuidado de la tierra después de haber sembrado las semillas es la espera del tiempo correcto con perseverancia. Si el agricultor excava la tierra poco después de haber sembrado las semillas, para ver si sus plantas están o no están brotando, las semillas se pudrirán con facilidad. Se requiere de mucha dedicación y perseverancia hasta el momento de la cosecha.

El tiempo necesario para la producción del fruto difiere según la semilla; mientras que las semillas de melón o sandía pueden producir fruto en menos de un año, las de manzana o pera se tardan un par de años. El gozo de un agricultor que cultiva ginseng será mucho mayor que el del agricultor que cultiva sandías ya que el valor del ginseng que ha sido cultivado por muchos años no se compara con el de las sandías que se han cultivado por un corto período de tiempo.

De igual manera, cuando sembramos ante Dios de acuerdo a Su Palabra, a veces quizás podamos recibir Su respuestas de manera inmediata y así cosecharemos el fruto, pero en otras ocasiones quizás necesitemos de más tiempo. Gálatas 6:9 nos recuerda: *"No nos cansemos, pues, de hacer bien; porque a su tiempo segaremos, si no desmayamos";* debemos cuidar de nuestra tierra con perseverancia y dedicación hasta el momento mismo de la cosecha.

Usted cosecha lo que ha sembrado

En Juan 12:24 se nos dice: *"De cierto, de cierto os digo, que si el grano de trigo no cae en la tierra y muere, queda solo; pero si muere, lleva mucho fruto".* De acuerdo a Su ley, el Dios de justicia plantó a Jesucristo, su Hijo unigénito, como un sacrificio expiatorio por la humanidad y permitió que llegara a convertirse en un grano de trigo que cayó y murió. Por medio de Su muerte, Jesús produjo mucho fruto.

La ley del reino espiritual, al igual que la ley de la naturaleza que dicta que 'se cosecha lo que se siembra', la ley de Dios no se puede quebrantar. En Gálatas 6:7-8 leemos explícitamente: *"No os engañéis; Dios no puede ser burlado: pues todo lo que el hombre sembrare. eso también segará. Porque el que siembra para su carne, de la carne segará corrupción; mas el que siembra para el Espíritu, del Espíritu segará vida eterna".*

Cuando un agricultor siembra semillas en su campo, dependiendo del tipo de semillas quizás recoja unas cosechas antes que otras y continúe sembrando mientras cosecha. Mientras el agricultor más siembre y cuide diligentemente su campo, mayor será el cultivo que coseche. De igual manera, incluso en nuestra relación con Dios cosechamos lo que sembramos.

Si se siembra oración y alabanza, mediante el poder de lo Alto se podrá vivir según la Palabra de Dios mientras el alma prospera. Si usted trabaja diligentemente por el reino de Dios, cualquier enfermedad lo abandonará y al mismo tiempo recibirá bendiciones en lo material y espiritual. Si se siembra celosamente con las posesiones materiales, los diezmos y las ofrendas de gratitud, Él proveerá mayores bendiciones materiales, las mismas que permitirá ser usadas para Su reino y justicia.

Nuestro Señor que recompensa a cada persona según sus obras, nos dice en Juan 5:29: *"...y los que hicieron lo bueno, saldrán a resurrección de vida; mas los que hicieron lo malo, a resurrección de condenación"*. Por ende, debemos vivir de acuerdo al Espíritu Santo y hacer el bien en nuestras vidas.

Si alguien no siembra para el Espíritu Santo sino para sus propios deseos, solo podrá cosechar cosas de este mundo que eventualmente dejan de ser. Si usted analiza y juzga a los demás, también será medido y juzgado de acuerdo a la Palabra de Dios que dice: *"No juzguéis, para que no seáis juzgados. Porque con el juicio con que juzgáis, seréis juzgados, y con la medida con que medís, os será medido"* (Mateo 7:1-2).

Dios nos perdonó de todos los pecados cometidos antes de aceptar a Jesucristo, pero si cometemos pecado después de conocer la verdad y acerca del pecado, aunque seamos perdonados al arrepentirnos, recibiremos retribución.

Si usted ha sembrado pecado, de acuerdo a la ley del reino el reino espiritual, cosechará el fruto de su pecado y enfrentará tiempos de tribulación y sufrimiento.

Cuando David, el amado de Dios, pecó, Él le dijo: *"¿Por qué, pues, tuviste en poco la palabra de Jehová, haciendo lo malo delante de sus ojos? He aquí yo haré levantar el mal sobre ti de tu misma casa."* (2 Samuel 12:9, 11). David fue perdonado de su pecado cuando se arrepintió diciendo: *"Pequé contra Jehová"*, pero sabemos también que Dios hirió al niño que la mujer de Urías había dado a David (2 Samuel 12:13-15).

Debemos vivir de acuerdo a la verdad y hacer el bien, recordando que en todo cosechamos lo que sembramos, sembrando para el Espíritu Santo y recibiendo vida eterna de Su parte, y recibiendo siempre las sobreabundantes bendiciones de Dios.

En la Biblia encontramos muchos individuos que agradaron a Dios y en consecuencia recibieron Sus bendiciones abundantes; la mujer de Sunem siempre había tratado a Eliseo, el varón de Dios, con el máximo respeto y cortesía, por eso él se quedó en su casa cada vez que iba por la zona. Después de conversar con su esposo acerca de preparar una habitación de huéspedes para Eliseo, ella arregló la habitación para el profeta con una cama, una mesa, una silla y una lámpara e invitó a Eliseo a quedarse en su casa (2 Reyes 4:8-10).

Eliseo se conmovió en gran manera por la devoción de la mujer; cuando él se enteró que su esposo era anciano y que no tenían hijos, y que el anhelo de ella era tener su propio hijo, él pidió a Dios la bendición de la concepción para esta mujer y un año más tarde Él le dio un hijo (2 Reyes 4:11-17).

Tal como Dios lo promete en Salmos 37:4 que dice: *"Deléitate asimismo en Jehová, y él te concederá las peticiones de tu corazón",* la mujer de Sunem recibió el deseo de su corazón por haber tratado al siervo de Dios con cuidado y dedicación (2 Reyes 4:8-17).

En Hechos 9:36-40 está descrita una mujer de Jope llamada Tabita, quien abundaba en obras de amabilidad y caridad. Cuando ella enfermó y murió, los discípulos reportaron la noticia a Pedro. Cuando él llegó al lugar, las viudas que estaban ahí le mostraron a Pedro las túnicas y otras prendas que Tabita había confeccionado para ellas y le suplicaron que la trajera de vuelta a la vida. Pedro se conmovió mucho por el gesto de estas mujeres, así que oró a Dios con sinceridad y cuando él dijo: *"Tabita, levántate",* ella abrió sus ojos y se incorporó. Ya que Tabita había sembrado ante Dios haciendo el bien y ayudando a los pobres, pudo recibir la bendición de la extensión de su vida.

En Marcos 12:44 está la historia de una viuda pobre que le dio todo lo que tenía a Dios. Jesús, quien miraba la multitud mientras daban sus ofrendas en el templo, dijo a los discípulos: *"...porque todos han echado de lo que les sobra; pero ésta, de su pobreza echó todo lo que tenía, todo su sustento"*, y la elogió. Fácil es saber que esta mujer recibió grandes bendiciones posteriormente en su vida.

De acuerdo a la ley del reino espiritual, el Dios de justicia nos permite cosechar lo que sembramos y nos recompensa según nuestras obras. Ya que Él obra de acuerdo a la fe de cada uno al creer en Su Palabra y obedecerla, debemos comprender que podemos recibir cualquier cosa que pidamos en oración y con esto en mente, ruego en el nombre del Señor Jesucristo que usted examine su corazón, cultive diligentemente su tierra para que sea buena, siembre muchas semillas, las cuide con perseverancia y dedicación y que produzca fruto abundante.

Capítulo 6

Elías recibe la respuesta de Dios por medio de fuego

1 Reyes 18:41-45

"Entonces Elías dijo a Acab: Sube, come y bebe; porque una lluvia grande se oye. Acab subió a comer y a beber. Y Elías subió a la cumbre del Carmelo, y postrándose en tierra, puso su rostro entre las rodillas. Y dijo a su criado: Sube ahora, y mira hacia el mar. Y él subió, y miró, y dijo: No hay nada. Y él le volvió a decir: Vuelve siete veces. A la séptima vez dijo: Yo veo una pequeña nube como la palma de la mano de un hombre, que sube del mar. Y él dijo: Ve, y di a Acab: Unce tu carro y desciende, para que la lluvia no te ataje. Y aconteció, estando en esto, que los cielos se oscurecieron con nubes y viento, y hubo una gran lluvia. Y subiendo Acab, vino a Jezreel".

Elías, el poderoso siervo de Dios, podía dar testimonio del Dios vivo y hacer posible que los israelitas idólatras se arrepintieran de sus pecados gracias a la respuesta de Dios por medio de fuego por la que pidió y que luego recibió. Además, luego de tres años y medio de sequía causada por la ira de Dios contra los israelitas, fue Elías quien oró e hizo que se diera el milagro de culminación de la sequía y la fuerte lluvia.

Si creemos en el Dios vivo, en nuestras vidas nosotros debemos también recibir la respuesta de Dios por medio de fuego al igual que Elías para testificar de Él y glorificarlo.

Al explorar la fe de Elías con la que él recibió la respuesta de Dios por medio de fuego y vio con sus propios ojos el cumplimiento del deseo de su corazón, lleguemos a ser los hijos bendecidos de Dios que siempre reciben la respuesta de parte del Padre.

La fe de Elías, el siervo de Dios

Los israelitas, como pueblo escogido por Dios, tenían que adorarlo únicamente a Él, pero sus reyes comenzaron a hacer lo malo ante Sus ojos y a adorar ídolos. Para el tiempo que Acab ascendió al trono, el pueblo de Israel empezó a practicar aun más maldad y la idolatría alcanzó su cúspide. En ese instante la ira de Dios contra Israel se transformó en calamidad: una sequía que duraría por tres años y medio. Dios estableció a Elías como Su siervo y por medio de él manifestó Sus obras.

Él le dijo a Elías: *"Ve, muéstrate a Acab, y yo haré llover sobre la faz de la tierra"* (1 Reyes 18:1).

Moisés, el que sacó a los israelitas de Egipto, al principio desobedeció a Dios cuando le mandó que se presentase ante el Faraón. Cuando se le dijo al profeta Samuel que ungiera a David, él también desobedeció a Dios en un principio. No obstante, cuando Dios le dijo a Elías que fuera y se presentara ante Acab, el rey que había estado tratando de matarlo durante tres años, este profeta obedeció de modo incondicional y mostró a Dios el tipo de fe que era de Su agrado.

Ya que Elías obedeció y creyó en todo lo que constituía la Palabra de Dios, por medio de él Dios podía manifestar Sus obras una y otra vez. Dios estaba complacido con la fe obediente de Elías, lo amaba y reconocía como Su siervo, lo acompañaba a todo lugar al que iba y garantizaba cada esfuerzo; ya que Dios certificaba la fe de Elías, él podía levantar muertos, recibir la respuesta por medio de fuego de Dios y fue arrebatado a los Cielos en un torbellino. A pesar de que hay solo un Dios que se sienta en Su trono celestial, el Dios Todopoderoso puede supervisar todo en el universo y permitir que Su obra tome lugar en cualquier sitio en el que Él esté presente. Como vemos en Marcos 16:20: *"Y ellos, saliendo, predicaron en todas partes, ayudándoles el Señor y confirmando la palabra con las señales que la seguían"*, cuando un individuo y su fe son reconocidos y certificados por Dios, los milagros y Sus respuestas a la oración de aquel lo acompañan como una muestra de la manifestación de Su obra.

Elías recibe la respuesta de Dios por medio de fuego

Debido a que la fe del profeta Elías era grande y él era lo suficientemente obediente como para merecer el reconocimiento de parte de Dios, pudo profetizar valientemente acerca de la inminente sequía en Israel.

Pudo proclamar ante el rey Acab: *"Vive Jehová Dios de Israel, en cuya presencia estoy, que no habrá lluvia ni rocío en estos años, sino por mi palabra"* (1 Reyes 17:1).

Dios ya sabía que Acab podría poner en peligro la vida de Elías, el que profetizó acerca de la sequía, por eso lo llevó hasta el arroyo de Querit, le dijo que permaneciera ahí por un tiempo y ordenó a los cuervos que le llevaran pan y carne en la mañana y en la tarde. Cuando el arroyo de Querit se secó por falta de lluvia, Dios dirigió a Elías hasta Sarepta y permitió que una viuda del lugar le proporcionara alimento.

Cuando el hijo de la viuda enfermó, empeoró y finalmente murió, Elías clamó a Dios en oración diciendo: *"Jehová Dios mío, te ruego que hagas volver el alma de este niño a él"* (1 Reyes 17:21).

Dios escuchó el clamor de Elías y le devolvió la vida al muchacho, y le permitió vivir. Por medio de este incidente Él demostró que Elías era un hombre de Dios y que Su palabra en boca de Elías era la verdad (1 Reyes 17:24).

La gente de nuestra generación vive en un tiempo en el que no pueden creer en Dios a menos que vean señales y prodigios milagrosos (Juan 4:48). Para poder testificar del Dios vivo en la actualidad, cada uno debe estar equipado con el tipo de fe que tenía Elías y debemos tomar la responsabilidad de difundir el evangelio.

Al transcurrir el tercer año de la profecía que Elías le había dado a Acab, diciendo: *"...no habrá lluvia ni rocío en estos años, sino por mi palabra"*, Dios le dijo al profeta: *"Ve, muéstrate a Acab, y yo haré llover sobre la faz de la tierra"* (1 Reyes 18:1). En Lucas 4:25 leemos que: *"...en los días de Elías, cuando el cielo fue cerrado por tres años y seis meses, y hubo una gran hambre en toda la tierra";* en otras palabras, no hubo lluvia en Israel por tres años y medio.

Antes de que Elías se presentase ante Acab por segunda vez, el rey lo había buscado en vano, incluso en los países vecinos, pensando que Elías era el culpable de esta sequía de tres años y medio.

Sin embargo, aunque Elías hubiera sido asesinado el momento que estuviera ante Acab, valientemente obedeció la palabra de Dios y cuando estuvo frente al rey, este le preguntó: *"¿Eres tú el que turbas a Israel?"* (1 Reyes 18:7), a lo que Elías respondió: *"Yo no he turbado a Israel, sino tú y la casa de tu padre, dejando los mandamientos de Jehová, y siguiendo a los baales"* (1 Reyes 18:18). Él transmitió al rey la voluntad de Dios y jamás tuvo temor; avanzó al frente y dijo a Acab: *"Envía, pues, ahora y congrégame a todo Israel en el monte Carmelo, y los cuatrocientos cincuenta profetas de Baal, y los cuatrocientos profetas de Asera, que comen de la mesa de Jezabel"* (1 Reyes 18:19).

Ya que Elías sabía bien que la sequía había recaído sobre Israel por la idolatría de su gente, él buscó contender con 850 profetas de los ídolos y afirmó: *"y el Dios que respondiere por medio de fuego, ése sea Dios"* (1 Reyes 18:24). El profeta Elías creía en Dios, por eso mostró su confianza en el hecho de que Dios respondería por medio de fuego.

Dijo luego a los profetas de Baal: *"Escogeos un buey, y preparadlo vosotros primero, pues que sois los más; e invocad el nombre de vuestros dioses, mas no pongáis fuego debajo"* (1 Reyes 18:25). Cuando los profetas de Baal fracasaron en recibir la respuesta esperada desde la mañana hasta la tarde, Elías se burló de ellos.

Él creía que Dios respondería por medio de fuego, así que con alegría pidió a los israelitas que construyeran el altar y derramaran agua sobre la ofrenda y la leña; luego oró a Dios así:

"Respóndeme, Jehová, respóndeme, para que conozca este pueblo que tú, oh Jehová, eres el Dios, y que tú vuelves a ti el corazón de ellos" (1 Reyes 18:37).

En ese instante, *"...cayó fuego de Jehová, y consumió el holocausto, la leña, las piedras y el polvo, y aun lamió el agua que estaba en la zanja. Viéndolo todo el pueblo, se postraron y dijeron: ¡Jehová es el Dios, Jehová es el Dios!"* (1 Reyes 18:38-39).

Todo esto se hizo posible porque Elías no dudó ni un instante al clamar a Dios (Santiago 1:6) y creyó que ya había recibido lo que había pedido en oración (Marcos 11:24).

¿Por qué pidió Elías que derramaran agua sobre el holocausto antes de orar? Pues ya que la sequía había durado tres años y medio, en ese momento lo más escaso y valioso entre todo lo necesario era el agua; al llenar cuatro cántaros de agua y derramarlos sobre el holocausto por tres veces seguidas (1 Reyes 18:33-34), Elías demostró su fe en Dios y le ofreció lo más preciado del momento.

El Dios que ama al dador alegre (2 Corintios 9:7) no solo permitió que Elías cosechara lo que había sembrado, sino que también le respondió por medio de fuego y demostró ante todos los israelitas que de hecho su Dios está vivo.

Al seguir los pasos de Elías y demostrar nuestra fe a Dios, al ofrecerle lo mejor y prepararnos para recibir Sus respuestas a nuestras oraciones, podemos testificar del Dios vivo a toda personas mediante Su respuesta por medio de fuego.

Elías hace caer una fuerte lluvia

Luego de presentar al Dios vivo a los israelitas a través de Su respuesta por medio de fuego y de hacer que los israelitas se arrepintieran por su idolatría, Elías recordó el juramento que le había hecho a Acab: *"Vive Jehová Dios de Israel, en cuya presencia estoy, que no habrá lluvia ni rocío en estos años, sino por mi palabra"* (1 Reyes 17:1), así que le dijo al rey: *"Sube, come y bebe; porque una lluvia grande se oye"* (1 Reyes 18:42), y Elías subió a la cumbre del Carmelo; lo hizo para poder dar cumplimiento a la palabra de Dios que decía: "…enviaré lluvia sobre la faz de la tierra", y para recibir Su respuesta.

Al llegar a la cumbre del Carmelo, y postrándose en tierra, puso su rostro entre las rodillas. ¿Por qué oró Elías de este modo? Porque sentía mucha angustia mientras oraba…

Por medio de esta imagen podemos presumir con cuánta sinceridad de corazón clamó Elías a Dios. Es más, él no dejó de orar hasta ver la respuesta de Dios con sus propios ojos. El profeta le dijo a su siervo que mantuviera sus ojos hacia el mar; oró de este modo siete veces hasta cuando el siervo vio una pequeña nube como la palma de la mano de un hombre. Esto fue más que suficiente para impresionar a Dios y sacudir Su trono celestial. Ya que Elías hizo que cayera una fuerte lluvia después de tres años y medio de sequía, se presume que su oración fue poderosa en extremo.

Cuando Elías recibió la respuesta de Dios por medio de fuego, él reconoció con sus labios que Dios haría la obra por él a pesar de que Él no lo había dicho, e hizo lo mismo cuando provocó la fuerte lluvia.

Al ver una nube como la palma de la mano de un hombre, el profeta mandó a decir a Acab: *"Unce tu carro y desciende, para que la lluvia no te ataje"* (1 Reyes 18:44). Debido a que Elías tenía la fe con la que podía declarar algo con sus labios aunque no lo veía (Hebreos 11:1), Dios pudo obrar según la fe del profeta; de hecho, de acuerdo a la fe de Elías, poco después los cielos se oscurecieron con nubes y viento, y hubo una gran lluvia (1 Reyes 18:45).

Debemos creer que el Dios que le dio a Elías Su respuesta por medio de fuego y la muy esperada lluvia tras la sequía de tres años y medio, es el mismo Dios que aleja nuestras tribulaciones y sufrimientos, nos concede los anhelos de nuestro corazón y nos otorga bendiciones maravillosas.

Por ahora, tengo la certeza de que usted ha comprendido que para recibir la respuesta de Dios por medio de fuego, así como para glorificarlo y alcanzar los deseos de nuestro corazón, en primer lugar se debe mostrar el tipo de fe que a Él le agrada, debemos destruir el muro de pecado levantado entre Dios y nosotros, y debemos pedir cualquier cosa sin dudar.

En segundo lugar, con alegría debemos construir un altar ante Dios, ofrecerle holocausto y orar con fervor. En tercer lugar se debe confesar con los labios que Dios obrará por nosotros hasta el momento mismo en que recibimos Su respuesta. Entonces Dios se sentirá muy complacido y responderá la oración para que podamos glorificarle y sentir alegría de corazón.

Nuestro Dios nos responde cuando oramos por problemas concernientes a nuestra alma, hijos, salud, trabajo o cualquier otro asunto, y recibe la gloria de nuestra parte. Tengamos también la fe íntegra que tuvo Elías, oremos hasta recibir la respuesta de parte de Dios y lleguemos a ser Sus hijos bendecidos que glorifican siempre al Padre.

Capítulo 7

Cómo alcanzar los deseos del corazón

Salmos 37:4

"Deléitate asimismo en Jehová, y él te concederá las peticiones de tu corazón".

Muchas personas actualmente buscan recibir las respuestas de parte del Dios Todopoderoso a una variedad de problemas. Ellos oran y ayunan con fervor y hacen vigilias de oración a fin de recibir sanidad o por el restablecimiento de sus negocios fallidos, el nacimiento de sus hijos o la obtención de bendiciones materiales. Desafortunadamente, el número de aquellos que no logran recibir las respuestas de parte de Dios para luego glorificarlo es mayor al de aquellos que sí las reciben.

Al no escuchar de parte de Dios en uno o dos meses, estas personas se cansan y dicen: "Dios no existe..."; se alejan de Él por completo y empiezan a adorar ídolos, empañando así Su nombre. Si una persona asiste a la iglesia pero no logra recibir el poder de Dios ni puede glorificarlo, ¿cómo podríamos llamar a esto "fe verdadera"?

Si alguien profesa creer en Dios en verdad, entonces como hijo Suyo, debe alcanzar los deseos de su corazón y todo lo que busque lograr durante su vida en este mundo. No obstante, muchos fracasan en alcanzar los deseos del corazón aunque declaren que creen, lo que se debe a que no se conocen a sí mismos. En base al versículo en el que se centra este capítulo, exploraremos las maneras en las que podemos alcanzar los anhelos de nuestro corazón.

Primero: debemos examinar nuestro propio corazón

Cada individuo debe analizar si en realidad cree en el Dios

Todopoderoso o si solo cree a medias mientras da lugar a la duda, o si tiene un corazón astuto que solo busca algún tipo de suerte. Antes de llegar a conocer a Jesucristo, la mayoría de personas invierten su vida adorando a ídolos o confiando en sí mismos. Sin embargo, en momentos de grave tribulación o sufrimiento, tras comprender que los desastres que enfrentan no los puede resolver el poder del hombre o de sus ídolos, se preguntan acerca del mundo, escuchan en el camino que Dios puede resolver sus problemas y terminan acercándose a Él.

En lugar de fijar sus ojos en el Dios de poder, la gente de este mundo simplemente duda: "¿Me responderá si le clamo?", o dicen: "Bien, quizás la oración resuelva mi crisis...". No obstante, el Dios Todopoderoso gobierna la historia de la humanidad así como la vida, muerte, maldición y bendiciones del hombre, revive a los muertos y busca el corazón del hombre, por eso no responde a un individuo cuyo corazón está lleno de dudas (Santiago 1:6-8).

Si uno en realidad busca alcanzar los anhelos del corazón, primero debe desechar su corazón lleno de duda y en busca de suerte, y debe creer que ya ha recibido todo lo que ha pedido en oración al Dios Todopoderoso. Solo entonces el Dios de poder le concederá Su amor y le permita cumplir con los deseos de su corazón.

Segundo: debemos examinar la certeza de nuestra salvación y la condición de nuestra fe

Actualmente hay muchos cristianos en la iglesia que están

sujetos a problemas en su fe. Es muy desgarrador ver un número sorprendentemente grande de personas que están errantes en lo espiritual; aquellos que no logran ver debido a su arrogancia espiritual que su fe avanza en la dirección incorrecta, y otros que carecen de la certeza de su salvación incluso después de llevar muchos años en Cristo y sirviéndole a Él.

Romanos 10:10 nos dice: *"Porque con el corazón se cree para justicia, pero con la boca se confiesa para salvación"*. Cuando se abre la puerta del corazón y se acepta a Jesucristo como Salvador, por la gracia del Espíritu Santo que es otorgada de manera gratuita desde lo Alto, se recibe la autoridad como hijo de Dios. Es más, cuando se confiesa con los labios que Jesucristo es el Salvador y se cree con el corazón que Dios levantó a Jesús de los muertos, se obtendrá la certeza de la salvación.

Si usted no tiene la seguridad de que ha recibido la salvación, entonces tiene un problema con la condición de su fe, lo que se debe al hecho de no poder vivir de acuerdo a la voluntad del Padre porque se carece de la certeza de que Él es su Padre, de haber adquirido ciudadanía celestial y de haberse convertido en Su hijo.

Por esta razón, Jesús nos dice: *"No todo el que me dice: Señor, Señor, entrará en el reino de los cielos, sino el que hace la voluntad de mi Padre que está en los cielos"* (Mateo 7:21). Si la relación entre Dios el Padre y su hijo(a) aún no ha llegado a ser personal, es natural que aquella persona no reciba Sus respuestas; aunque la relación haya tomado forma, si hay algo incorrecto en el corazón ante los ojos de Dios, tampoco se podrá recibir Sus respuestas.

Por consiguiente, si usted llega a ser un hijo de Dios que tiene la certeza de la salvación y se arrepiente de no haber vivido de acuerdo a la voluntad de Dios, Él resolverá cada uno de sus problemas incluyendo las enfermedades, el fracaso en los negocios y las dificultades financieras, y en todo obrará para su bien.

Si busca a Dios para un problema entre usted y su hijo, con la palabra de verdad Él le ayudará a comprender cualquier problema o dificultad que exista entre ustedes. En algunas ocasiones, los hijos son los culpables; sin embargo, con más frecuencia son los padres los responsables de las dificultades con sus hijos. Antes de empezar a culparse, si los padres se alejan de sus caminos erróneos y se arrepienten por ellos, si se esfuerzan por educar correctamente a sus hijos y encomiendan todo a Dios, Él les da sabiduría y obra para bien, tanto de padres como de hijos.

Por ende, si usted acude a la iglesia y desea recibir respuestas a sus problemas con sus hijos, a sus enfermedades, finanzas y demás, en lugar de ayunar, orar o hacer vigilia de oración a la ligera, primero debe descubrir en base a la verdad qué es lo que ha bloqueado el canal entre usted y Dios, debe arrepentirse y apartarse de ello. Entonces Dios obrará para su bien mientras recibe también la dirección del Espíritu Santo. Si usted ni siquiera intenta entender, escuchar la palabra de Dios o vivir de acuerdo a ella, su oración no producirá respuestas de Dios.

Ya que hay muchos ejemplos en los que las personas no

alcanzan a comprender por completo la verdad y no logran recibir respuestas y bendiciones de Dios, debemos alcanzar los anhelos de nuestro corazón al obtener la certeza de nuestra salvación y vivir de acuerdo a la voluntad de Dios (Deuteronomio 28:1-14).

Tercero: debemos agradar a Dios con nuestras obras

Si una persona reconoce a Dios el Creador y acepta a Jesucristo como su Salvador, su alma prosperará en la medida en que aprenda la verdad y reciba instrucción. Además, mientras continúe descubriendo el corazón de Dios, podrá vivir su vida de manera agradable para Él. Los niños de dos o tres años no conocen las maneras de agradar a sus padres, pero en la adolescencia y en la edad adulta aprenden cómo deleitarlos. Del mismo modo, mientras los hijos de Dios más comprenden y viven de acuerdo a la verdad, más logran complacer al Padre.

La Biblia nos habla una y otra vez sobre las maneras en las que los antepasados de la fe recibieron respuesta a sus oraciones al agradar a Dios. ¿De qué manera agradó Abraham a Dios?

Abraham siempre buscó y vivió en paz y santidad (Génesis 13:9), sirvió a Dios con todo su cuerpo, corazón y mente (Génesis 18:1-10) y obedeció por completo sin involucrar sus propios pensamientos (Hebreos 11:19; Génesis 22:12) porque él creía que Dios podía incluso levantar muertos. En consecuencia, Abraham recibió la bendición de Jehová Jireh o "el Señor proveerá";

bendición de tener hijos, bendición en sus finanzas, en la buena salud y así por el estilo: bendiciones en todo sentido (Génesis 22: 16-18, 24:1).

¿Qué hizo Noé para recibir las bendiciones de Dios? Él fue varón justo, perfecto en sus generaciones, y caminó con Dios (Génesis 6:9). Cuando el juicio del diluvio sobrevino a toda la Tierra, únicamente Noé y su familia lograron evitarlo y recibir salvación. Ya que Noé caminó con Dios, pudo prestar atención a Su voz y preparó un arca en la que llevó incluso a su familia a la salvación.

Cuando la viuda de Sarepta descrita en 1 Reyes 17:8-16 plantó una semilla de fe en Elías, el siervo de Dios, durante la sequía de tres años y medio en Israel, ella recibió bendiciones extraordinarias. Ya que ella obedeció con fe y sirvió a Elías el pan hecho con el último puñado de harina de la tinaja y el poco aceite de la vasija, Dios la bendijo y la palabra profética se cumplió: *"La harina de la tinaja no escaseará, ni el aceite de la vasija disminuirá, hasta el día en que Jehová haga llover sobre la faz de la tierra".*

Debido a que la mujer de Sunem en 2 Reyes 4:8-17 sirvió y trató a Eliseo, el siervo de Dios, con el mayor cuidado y respeto, ella recibió la bendición de la concepción de un hijo. Ella prestó su servicio al siervo de Dios no porque deseaba algo a cambio, sino porque amaba sinceramente a Dios, con todo el corazón. ¿Acaso no tiene sentido que esta mujer haya recibido las bendiciones de parte de Dios?

Además es fácil pensar que Dios debe haber estado totalmente complacido con la fe de Daniel y sus tres amigos. Aunque Daniel fue lanzado al foso de los leones por haber orado a Dios, él salió del foso sin ningún rasguño porque confiaba en Él (Daniel 6:16-23). A pesar de que los tres amigos de Daniel fueron atados y lanzados a un horno de fuego ardiendo por no haber adorado ídolos, ellos glorificaron a Dios después de salir del horno sin quemadura alguna en sus ropas y cuerpos (Daniel 3:19-26).

El centurión de Mateo 8 pudo agradar a Dios con su gran fe y, de acuerdo a ella, recibió las respuestas de parte de Dios. Cuando le dijo a Jesús que su criado estaba paralizado y sufriendo mucho, Jesús ofreció visitar la casa del centurión y sanar a su criado, pero, cuando el centurión dijo: *"Señor, no soy digno de que entres bajo mi techo; solamente di la palabra, y mi criado sanará"* (v. 8), y al mostrar su gran fe y amor por su siervo, Jesús lo elogió diciendo: *"...ni aun en Israel he hallado tanta fe"* (v. 10). Ya que uno recibe las respuestas de Dios de acuerdo a la fe, el criado del centurión fue sanado en ese mismo instante. ¡Aleluya!

¡Y hay aún más! En Marcos 5:25-34 vemos la fe de una mujer que había sufrido de flujo de sangre por 12 años. A pesar de haber recibido atención de muchos médicos y de haber invertido mucho dinero, su condición solo empeoraba. Cuando escuchó la noticia acerca de Jesús, la mujer creyó que podía ser sanada si tan solo tocaba Su manto. Cuando ella estuvo detrás de Jesús y tocó el borde de Su manto, fue sanada al instante.

¿Qué tipo de corazón tuvo el centurión llamado Cornelio, descrito en Hechos 10:1-8, y de qué maneras sirvió a Dios, aun siendo gentil, de modo que toda su familia recibió salvación? Notamos que Cornelio y su familia fueron devotos y temerosos de Dios; él compartió generosamente con los necesitados y oró a Dios con regularidad. Por consiguiente, las oraciones de Cornelio y sus dádivas a los pobres se habían convertido en un memorial ante Dios; cuando Pedro visitó su casa para adorar a Dios, cada miembro de la familia de Cornelio recibió el Espíritu Santo y empezó a hablar en lenguas.

En Hechos 9:36-42 encontramos una mujer llamada Tabita (que traducido es Dorcas), quien siempre había hecho el bien y ayudado a los pobres, pero enfermó y murió. Cuando Pedro llegó al lugar por insistencia de los discípulos, se puso de rodillas y oró; Tabita volvió a la vida.

Cuando los hijos del Padre cumplen con sus responsabilidades, el Dios vivo concede los anhelos de su corazón y obra para su bien en todas las cosas. Cuando llegamos a creer en esto de verdad, recibimos siempre las respuestas de parte de Dios a lo largo de nuestras vidas.

Por medio de consultas o diálogos que se dan de vez en

cuando, escucho de personas que una vez tuvieron gran fe, sirvieron bien a la iglesia y fueron fieles, pero abandonaron a Dios tras un período de tribulación y sufrimiento. En cada una de estas ocasiones, no logro evitar entristecerme por la incapacidad de las personas para hacer una distinción espiritual.

Si las personas tienen fe verdadera, no abandonan a Dios cuando las tribulaciones llegan a sus vidas. Si tienen fe espiritual, estarán gozosos, agradecidos y orando incluso en tiempos de prueba y sufrimiento; no traicionarán a Dios, no caerán en tentación ni perderán su firmeza en Él. A veces la gente puede ser fiel con la esperanza de recibir bendiciones o para ser reconocidos por los demás. Pero la oración de fe y la oración llena de esperanza por lo fortuito se pueden distinguir fácilmente por sus resultados respectivos. Si uno ora con fe espiritual, su oración con mucha certeza estará acompañada por obras agradables ante Dios y se lo glorificará en gran manera cuando se alcance los anhelos del corazón uno por uno.

Con la Biblia como nuestra guía hemos examinado de qué manera mostraron la fe en Dios los antepasados de la fe y con qué tipo de corazón pudieron agradar a Dios y alcanzar los deseos de su corazón. Ya que Dios bendice, tal como ha prometido, a todos aquellos que le agradan a Él al igual que Tabita que recobró la vida, al igual que la mujer infértil de Sunem que fue bendecida con un hijo, al igual que la mujer que fue liberada del flujo de sangre de 12 años, creamos y pongamos nuestra mirada en Él.

Dios nos dice: *"Si puedes creer, al que cree todo le es*

posible" (Marcos 9:23). Cuando creemos que Él puede poner un alto a cualquier problema y le encomendamos por completo todos los problemas concernientes a la fe, enfermedades, hijos y finanzas, además de confiar en Él, ciertamente se encargará de todas las cosas por nosotros (Salmos 37:5).

Al agradar a Dios quien no miente sino que cumple lo que ha hablado, ruego en el nombre del Señor Jesucristo que usted alcance los deseos del corazón, glorifique a Dios y viva una vida bendecida.

El autor:
Dr. Jaerock Lee

El Rev. Dr. Jaerock Lee nació en 1943 en Muan, Provincia de Jeonnam, República de Corea. A sus veinte años, él padeció de una serie de enfermedades incurables durante siete años, y al no tener ninguna esperanza de recuperación, él esperaba únicamente la muerte. Cierto día, durante la primavera de 1974, fue invitado por su hermana a una iglesia, y cuando se inclinó para orar, el Dios vivo inmediatamente lo sanó de todas sus enfermedades.

Desde el momento en que el Rev. Dr. Lee conoció a Dios a través de aquella experiencia maravillosa, él ha amado a Dios con todo su corazón y sinceridad. En 1978 él recibió el llamado a ser un siervo de Dios. Clamó fervientemente a fin de entender con claridad la voluntad de Dios y llevarla a cabo por completo, y obedeció a cabalidad la Palabra de Dios. En 1982 fundó la Iglesia Central Manmin en Seúl, Corea del Sur, e innumerables obras de Dios, incluyendo sanidades o prodigios milagrosos, han tomado lugar en la iglesia.

En 1986 el Rev. Dr. Lee fue ordenado como pastor en la Asamblea Anual de la Iglesia de Jesús de Sungkyul de Corea, y cuatro años más tarde sus sermones empezaron a ser transmitidos en Australia, Rusia, las Filipinas, y otros lugares a través de la Compañía de Radiodifusión del Lejano Oriente, la Estación de Radiodifusión de Asia, y el Sistema Radial Cristiano de Washington.

Luego de transcurridos tres años, en 1993, la Iglesia Central Manmin fue denominada por la Revista *Christian World* de EE. UU. como una de las '50 Iglesias Principales del Mundo'. El mismo año el Dr. Lee obtuvo un Doctorado Honorario en Teología en Christian Faith College, Florida, EE. UU., y en 1996 obtuvo un Ph.D. en Ministerio en el Seminario Teológico de Kingsway en Iowa, EE. UU.

Desde 1993, el Rev. Dr. Lee ha tomado la batuta en el área de las misiones mundiales a través de cruzadas evangelísticas internacionales en Tanzania, Argentina, Los Ángeles, Baltimore, Hawai, y la ciudad de Nueva York en los

Estados Unidos, Uganda, Japón, Pakistán, Kenia, las Filipinas, Honduras, India, Rusia, Alemania, Perú, República Democrática de Congo, Israel y Estonia. En el año 2002 los principales diarios cristianos de Corea lo nombraron 'el Pastor mundial' por su labor en varias Grandes Cruzadas Unidas internacionales.

Hasta Marzo de 2013, la Iglesia Central Manmin cuenta con una congregación de más de 120.000 miembros; tiene 10.000 iglesias filiales locales e internacionales en el mundo entero, más de 129 misioneros que han sido comisionados a 23 países, entre ellos los Estados Unidos, Rusia, Alemania, Canadá, Japón, China, Francia, India, Kenia, y muchos más.

Hasta la fecha de esta publicación, el Dr. Lee ha escrito 81 libros, incluyendo algunos en lista de superventas de librería tales como *GOZANDO DE LA VIDA FRENTE A LA MUERTE, MI VIDA MI FE I y II, EL MENSAJE DE LA CRUZ, LA MEDIDA DE FE, CIELO I y II, INFIERNO,* y *EL PODER DE DIOS.* Sus obras han sido traducidas a más de 75 idiomas.

Sus editoriales cristianos se publican en los diarios *The Hankook Ilbo, The JoongAng Daily, The Dong-A Ilbo, The Munhwa Ilbo, The Seoul Shinmun, The Kyunghyang Shinmun, The Korea Economic Daily, The Korea Herald, The Shisa News,* y *The Christian Press.*

El Dr. Lee es actualmente el líder de muchas organizaciones y asociaciones misioneras, entre ellas: Presidente de la Iglesia de la Santidad Unida de Jesucristo, Presidente de la Misión Mundial Manmin, Presidente vitalicio de la Asociación de Avivamiento y Misiones Cristianas Mundiales, Fundador y Presidente de la Junta de la Red Cristiana Mundial (GCN por sus siglas en inglés), Fundador y Presidente de la Junta de la Red Mundial de Médicos Cristianos (WCDN por sus siglas en inglés), y Fundador y Presidente de la Junta del Seminario Internacional Manmin (MIS por sus siglas in inglés).

CIELO I & II

Una descripción detallada del maravilloso y vívido ambiente que los ciudadanos del Cielo disfrutarán en los cinco niveles del Reino de los Cielos, además de una hermosa descripción de cada uno de ellos.

EL MENSAJE DE LA CRUZ

Un poderoso mensaje de avivamiento para todos aquellos que están espiritualmente adormecidos. En este libro encontrará la razón por la que Jesús es el único Salvador y es el verdadero amor de Dios.

INFIERNO

Un sincero y ferviente mensaje de Dios para toda la humanidad. ¡Dios desea que ningún alma caiga en las profundidades del infierno! Usted descubrirá una descripción nunca antes revelada de la cruel realidad del Hades y del Infierno.

GOZANDO DE LA VIDA FRENTE A LA MUERTE

El testimonio de la vida y de las experiencias del Reverendo Dr. Jaerock Lee, quien nació de nuevo y fue rescatado del valle de la muerte, y que desde entonces ha vivido una vida cristiana ejemplar.

LA MEDIDA DE FE

¿Qué tipo de lugar celestial y qué tipo de corona y recompensas están preparadas para usted en el Cielo? Este libro proporciona la sabiduría y guía para que usted mida su fe y cultive una fe mejor y más madura.

¡DESPIERTA ISRAEL!

¿Por qué ha mantenido Dios sus ojos sobre el pueblo de Israel desde el principio del mundo hasta hoy? ¿Qué tipo de providencia ha preparado Dios para Israel en los últimos días mientras esperan al Mesías?

MI VIDA, MI FE I & II

La autobiografía del Dr. Jaerock Lee proporciona un fragante aroma espiritual a los lectores a través de su vida extraída del amor de Dios que brotó en medio de olas oscuras, un yugo frío y la mayor desesperación.

EL PODER DE DIOS

Un libro que toda persona debe leer, ya que sirve como una guía esencial por medio de la cual podemos llegar a poseer fe verdadera, además de experimentar el maravilloso poder de Dios.